발달장애인 핸드볼 매뉴얼

핸드볼 지도서

발달장애인
핸드볼 매뉴얼

핸드볼 지도서

초판 1쇄 발행 2021년 11월 11일

지 은 이   서수진·김정진
발 행 인   권선복
편   집   백예나
디 자 인   김소영
전 자 책   오지영
발 행 처   도서출판 행복에너지
출판등록   제315-2011-000035호
주   소   (07679) 서울특별시 강서구 화곡로 232
전   화   0505-666-5555
팩   스   0303-0799-1560
홈페이지   www.happybook.or.kr
이 메 일   ksbdata@daum.net

값 16,000원
ISBN 979-11-5602-934-2   (93370)

도서출판 행복에너지는 독자 여러분의 아이디어와 원고 투고를 기다립니다. 책으로 만들기를 원하는 콘텐츠가 있으신 분은 이메일이나 홈페이지를 통해 간단한 기획서와 기획의도, 연락처 등을 보내주십시오. 행복에너지의 문은 언제나 활짝 열려 있습니다.

발달장애인 핸드볼 매뉴얼

핸드볼 지도서

서수진·김정진 지음

도서출판 행복에너지

서원대학교 총장 **손석민**

SK하이닉스 부사장 **문유진**

장애를 넘어 행복한 도전을 시작합니다!

2019년 SK하이닉스에서 발달장애인 핸드볼팀이 기대 반 걱정 반으로 처음 출발했습니다. 그러나 걱정은 기우였습니다. 핸드볼 안에서 그들은 함께 뛰고, 웃고, 협력했습니다. 마침내 그들은 힘차게 뛰어올랐습니다. 그리고 골대를 향해 강력한 슛을 성공시키며 걱정과 편견을 날려 버렸습니다.

발달장애인에게 핸드볼은 행복이라는 것을 그들은 증명해 주었습니다.

이 책은 더 많은 발달장애인에게 핸드볼을 알리고, 행복을 선물하기 위해 만들었습니다. 2021년부터 SK하이닉스, 충북사회복지공동모금회, 서원대학교 장애인스포츠지원센터가 힘을 합쳐 발달장애인 핸드볼팀이 지속적으로 탄생하고 있습니다.

발달장애인 아들을 세계적인 과학자로 키운 크리스틴은 말합니다.

"모든 아이는 불꽃을 가지고 태어난다. 하지만 그 불꽃은 잘 드러나지 않는다. 심지어 자신에게 그런 재능의 불꽃이 있는지도 모른다. 아이의 불꽃이 타오르는 그 찰나의 순간을 잡아내지 못하면 불꽃은 사그라져 버린다. 그 불꽃을 발견하고, 활활 타오르도록 연료를 계속 제공해야 한다."

이 책으로 발달장애인이 스스로 불꽃을 발견하고, 활활 타오르기를 소망합니다.

CONTENTS

발달장애인 핸드볼 매뉴얼
핸드볼 지도서

PART 1

발달장애인
핸드볼
이해와
지도전략

발달장애인 정의와 특성

발달장애인의 핸드볼 연습과 경기를 진행할 때는 수준별 맞춤형 지도가 필요하다. 발달장애인은 자폐성장애, 다운증후군, 지적장애로 구분되고, 장애별로 조금씩 다른 지도법을 적용해야 한다. 발달장애인 정의와 장애별 지도법은 「스페셜올림픽 통합스포츠 축구지도법 매뉴얼」에서 일부 내용을 인용하였다.

발달장애인 정의

발달장애인이라는 용어는 2015년 11월 21일부터 시행된 '발달장애인 권리보장 및 지원에 관한 법률'에 근거하여 사용한다. '발달장애인 권리보장 및 지원에 관한 법률'에 따르면 발달장애인은 장애인복지법 제2조 제1항의 장애인으로서 지적장애인, 자폐성장애인 그리고 대통령령으로 정하는 사람을 포함한다.

<발달장애인 권리보장 및 지원에 관한 법률 제2조>

가. 지적장애인 : 정신 발육이 항구적으로 지체되어 지적 능력의 발달이 불충분하거나 불완전하여 자신의 일을 처리하는 것과 사회생활에 적응하는 것이 상당히 곤란한 사람

나. 자폐성장애인 : 소아기 자폐증, 비전형적 자폐증에 따른 언어·신체표현·자기조절·사회적응 기능 및 능력의 장애로 인하여 일상생활이나 사회생활에 상당한 제약을 받아 다른 사람의 도움이 필요한 사람

다. 그 밖에 통상적인 발달이 나타나지 아니하거나 크게 지연되어 일상생활이나 사회생활에 상당한 제약을 받는 사람으로서 대통령령으로 정하는 사람

발달장애인 특성

(아이콘) 다운증후군

* 지도 시 특별히 주의해야 하는 지적장애 유형

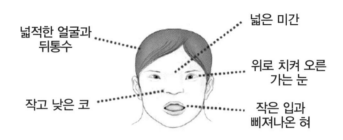

넓적한 얼굴과
뒤통수

넓은 미간

위로 치켜 오른
가는 눈

작고 낮은 코

작은 입과
삐져나온 혀

주의사항	지도전략
선천적인 심장결함& 호흡계· 심장계 발달	• 선수의 안전범위 내에서 심·호흡계 활동 제공 • 장시간 유산소운동에 참여하는 것이 어렵기 때문에 활동과 휴식을 번갈아가며 실시 * 입을 벌리고 호흡하고, 입술과 손톱이 파랗게 변하면 운동강도가 높다는 증거이다. 이 증상이 발견되면 운동강도를 낮추거나 중단 필요
환축추 불안정 또는 환축축 부전탈구	축추 환축 • 목에 강한 굴곡이나 신전이 가해져서는 안됨 • 목에 큰 힘을 가하는 활동은 피해야 함 * 이 증상이 의심되면, 상경추(목)의 X-선 검사를 실시해 활동참가 가능여부를 결정해야 함
과도하게 유연한 관절	• 지도자는 유연성이 좋은 것으로 착각하지 않아야 함 • 과도한 유연성을 요구하는 활동을 지속하면, 근육이 찢어지는 등의 부상을 입을 수 있음 • 관절주변의 근육을 강화하는 근력운동 실시

다운증후군 선수들은 비교적 자기주장이 세고 사교성이 좋다. 다운증후군의 공통적인 특징들을 고려해 지도하면 더욱 효과적인 지도를 하고 효과를 높일 수 있다.

자폐성장애

 신 체 적

- 운동발달상의 지체
- 낮은 체력 및 운동 기술 수준
- 반복적 행동(상동행동)

 인 지 적

- 이해의 어려움
- 특정 분야에서의 뛰어난 암기력&기억력
- 짧은 주의집중 시간

 사회·정서적

- 다른 사람과 주변환경에 무관심
- 의사소통이 어려움

 POINT!

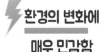 환경의 변화에 매우 민감함 → 운동 장소, 시간, 시작과 마무리가 일정하고 예측가능해야 함

 지 도 전 략

 최대한 단순하게!
지도 시 사용하는 용어와 지시를 선수의 수준에 맞추고, 단순한 활동부터 복잡한 활동 순서로 지도

 짧게 여러 번 반복 또 반복!
자폐성장애 선수는 주의집중시간이 짧기 때문에 수행시간은 짧게 하고, 활동을 여러 번 반복하는 것이 좋음

 그림과 의사소통판 활용!
자폐성장애 선수는 의사소통에 어려움이 있고, 말로만 하는 설명을 이해하기 힘들기 때문에 그림과 의사소통판을 활용하면 보다 효율적임

자폐성장애는 좋아하는 자극과 싫어하는 자극이 뚜렷하다. 이러한 점이 운동수행에 중요한 영향을 미친다. 지도자는 자폐성장애인이 좋아하는 것과 싫어하는 것을 빠른 시간 내에 파악해야 한다. 이후 싫어하는 자극을 최소화하고, 좋아하는 것은 최대한 활용해 효율적인 핸드볼프로그램을 계획한다.

지적장애

 신체적
- 운동발달상의 지체
- 평균 이하의 체력 및 운동수행 능력
- * 지적장애선수 중 운동수행이 뛰어난 참가자가 있을 수 있음

 인지적
- 낮은 인지 수준
- 정보 습득이 어려움
- 기억력 결함
- 짧은 주의집중 시간

 사회·정서적
- 미숙한 상호작용
- 사회성 결여
- 상황에 대한 부적절한 반응

 POINT!

 선수의 현재 수준 파악 → 수준에 맞게 계획된 적절한 핸드볼 프로그램 제공!

 지도전략

 최대한 단순하게!
지도 시 사용하는 용어와 지시를 선수의 수준에 맞추고, 단순한 활동부터 복잡한 활동 순서로 지도

 반복 또 반복!
지적장애선수들은 활동을 반복적으로 수행함으로써 기술을 가장 잘 습득함

 시범은 큰 동작으로 정확하게!
지적장애선수들은 과장된 시범에 흥미를 느껴 동기가 유발되는 경우가 많음
주의할 점은, 빠른 동작을 느리게 보여주는 것은 오히려 방해요인으로 작용할 수 있음

지적장애는 장애의 정도에 따라 수준의 차이가 크게 나타나기 때문에 그 수준을 파악하는 것이 매우 중요하다. 지도자에 의해 선수가 갖고 있는 능력이 과소평가되는 경우가 있는데, 지도자는 지적장애선수의 수행수준에 대한 선입견을 가져서는 안 되며 항상 선수의 능력이 향상될 수 있다는 마음가짐으로 지도해야 한다.

발달장애인과
핸드볼

　발달장애인은 통상적인 발달이 다소 지연되지만 신체적인 움직임에서는 다른 유형의 장애인에 비하여 제약이 덜하다. 이러한 발달장애인의 신체활동 향상과 사회 통합의 일환으로 지역사회 안에서 긍정적이고 포괄적인 스포츠 문화를 제공해 주기 위하여 장애인 농구 등 팀 스포츠가 활성화되어 있다. 그러나 비인기종목인 핸드볼은 활성화되어 있지 않은 상태이다. 현재 발달장애인을 대상으로 하는 핸드볼팀으로 SK하이닉스 행복모아 사업장의 행복모아팀과 천안인애학교 2개 팀만 활동을 하고 있다. 2019년 창단한 행복모아팀을 장기간 관찰한 결과 발달장애인이 핸드볼팀을 구성해 지속적으로 운동을 하는 데 한계는 없었으며, 좋은 효과들이 나타났다.

발달장애인 핸드볼 사회적 가치

발달장애인 개인의 사회적 가치

• 발달장애인 신체&정신건강 증진

  – 역동적인 핸드볼을 통한 스트레스 해소와 정신안정 기여

  – 지속적인 운동 참여로 신체건강과 체력 증진

  – 장애인 만성질환 사전 예방

• 발달장애인 사회성&자립심 형상

  – 단체운동을 통해 새로운 대인관계 형성

  – 핸드볼팀과 지역사회 소속감 증진

  – 독립적인 일상생활 수행 능력 향상

발달장애인 핸드볼 사회적 가치

• 발달장애인 스포츠 저변 확대

  – 발달장애인 스포츠 활동 참여 확대

  – 통합스포츠 활성화 기반 제공

  – 장애인 선입견과 차별 인식 해소 기여

• 장애인핸드볼 활성화

  – 발달장애인 핸드볼팀 체계적 육성으로 팀 증가

  – 발달장애아동·청소년 핸드볼 참여기회 확대

- 전국 핸드볼대회 참여, 전국체전, 스페셜올림픽 출전 기반 마련

발달장애인 핸드볼은 다양한 사회적 가치를 이룬다. 먼저 발달장애인 개인의 신체 및 정신건강 증진에 기여한다. 발달장애인 핸드볼 선수들은 연습과 경기를 통해 핸드볼 기술을 연마하고 능력을 발휘함으로써 개인적인 즐거움을 느끼고 긍정적 태도를 형성해 자아실현의 계기를 만들 수 있다. 또한 팀 안에서의 협력과 조화를 바탕으로 사회적인 연대성을 실현할 수 있다. 그리고 발달장애인핸드볼 활성화를 통해 장애인의 스포츠 참여율 제고, 장애인 선입견과 차별인식 해소, 비인기종목 핸드볼 활성화 등의 다양한 사회적 가치를 실현할 수 있다.

발달장애인
지도전략과 모델

처음 시작하는 발달장애 핸드볼 선수는 첫째, 공에 대한 감각이 형성되어야 한다. 둘째, 공을 다루고 드리블을 할 수 있어야 한다. 셋째, 제자리에서나 움직이면서 패스하는 것이 가능해야 한다. 넷째, 수비가 있는 상태에서 슛하는 과정을 익혀야 한다.

또한 발달장애인 핸드볼의 움직임에 대한 한계를 고려하여 부상을 예방하고, 안전하게 훈련할 수 있는 놀이, 게임, 경쟁모델을 소개한다.

Play Model (놀이모델)	Game Model (게임모델)	Competition Model (경쟁모델)
- 핸드볼에 흥미를 느끼는 데 초점 - 공에 익숙하게 함 - 대상, 나이, 성별에 제한 없음 - 지역수준의 경쟁	- 핸드볼 기술과 규칙 습득에 초점 - 대상, 나이, 성별에 대한 수준을 고려함 - 국내대회 수준의 경쟁	- 핸드볼 규칙과 전술, 공격과 수비 등 전략적인 기술에 초점 - 대상, 나이, 성별에 대한 수준을 고려함 - 국가 및 세계대회 수준의 경쟁

개별모델의 공통점은 단계별로 실시하도록 구성하였다. 각 모델은 목표와 특징이 다르고, 수준별로 제시되어 있다.

Play Model(놀이모델)

핸드볼에 흥미를 느낄 수 있도록 초점을 맞추는 것이 중요하며 공을 다루는데 익숙할 수 있도록 지도한다. 또한 대상, 나이, 성별에 제한이 없고 지역수준의 대회 참가를 목표로 한다.

Game Model(게임모델)

핸드볼 기술과 규칙 습득에 초점을 맞추는 것이 중요하다. 대상, 나이, 성별에 대한 수준을 고려하고 국내 수준의 대회 참가를 목표로 한다.

Competition Model(경쟁모델)

핸드볼 규칙과 전술, 공격과 수비 등 전략적인 기술에 초점을 맞추는 것이 중요하다. 대상, 나이, 성별에 대한 수준을 고려하고 국가 및 세계 수준의 대회 참가를 목표로 한다.

PART 2

발달장애인
핸드볼
지도법 매뉴얼
활용체계

발달장애인 핸드볼지도법 매뉴얼은 다양한 수준의 발달장애 선수들이 각각의 수준에 맞게 핸드볼 활동에 참여할 수 있도록 도움을 주기 위해 제작되었다. 지도자는 본 매뉴얼에 제시되어 있는 총 2단계의 Test를 토대로 발달장애 선수의 수준을 파악하고 그 수준에 맞는 3가지의 모델을 적용하여 수준별 발달장애인 핸드볼 활동을 제공할 수 있다.

발달장애인
핸드볼지도법 매뉴얼 모델

　발달장애인 핸드볼지도법 매뉴얼의 모델은 Play Model(놀이 모델), Game Model(게임 모델), Competition Model(경쟁 모델) 3가지 수준으로 구성되어 있다. 놀이 모델은 핸드볼의 가장 기본적인 드리블, 패스 등 공에 대한 친근감을 형성하기 위한 활동으로 구성하였다. 게임 모델은 핸드볼 경기에서 사용되는 드리블, 패스와 더불어 슈팅, 페인팅 기술들을 익히고 게임에 대한 기본기를 익힐 수 있도록 구성하였다. 경쟁 모델은 게임 모델의 요소에서 발전하여 공격, 수비에 관련된 활동들을 추가하여 실제 경기 상황에서 이루어지는 전술들을 연습하고, 기술의 세련미를 높여 발달장애인 핸드볼 경기에 참가할 수 있도록 하였다.

　첫째 단계, Play Model(놀이모델)은 핸드볼의 가장 기본적인 요소인 공 가지고 놀기, 드리블, 패스 3가지 활동으로 이루어져 있으며 이 단계에서는 핸드볼의 기본 개념을 익히도록 한다. 둘째 단계, Game Model(게임모델)은 Play Model(놀이모델)요소인 드리블, 패스를 기본으로 좀 더 발전될 수 있도록 다양한 방법으로 기술을 익히고 슈팅, 페인팅 기술의 요소를 추가하여 이 단계에서는 핸드볼의 어려운 기술을 익히고 정확하게 구사할 수 있도록 한다. 셋째 단계, Competition Model(경쟁모델)은 실제 경기 상황에서 이루어지는 핸드볼의 공격, 수비에 대한 기술과 전술을 연습하고, 기술의 세련미를 높여 발달장애인 핸드볼 경기에 참가할 수 있도록 하였다.

핸드볼지도법 매뉴얼의 모델

Play Model (놀이모델)	Game Model (게임모델)	Competition Model (경쟁모델)
학습목표 → 핸드볼의 기본 개념을 익히도록 한다.	핸드볼의 어려운 기술을 익히고 적용한다.	핸드볼의 공격, 수비에 대한 기술을 익히고 핸드볼 경기에 참가한다.
핵심기술 → 공놀이 드리블 패스	드리블 패스 슈팅 페인팅 기술	드리블 패스 슈팅 페인팅 기술 공격, 수비에 대한 전략

발달장애인 핸드볼 Test 진단과 평가체계[1]

    발달장애인 핸드볼에 참여하는 발달장애 선수들은 각각의 진단과정을 거쳐 자신의 수준에 맞는 모델로 연습한다. 본 매뉴얼에서는 Test 1, Test 2 총 2단계로 구성하여 실시하였다. Test 1은 총 40점으로 발달장애 선수의 감각·지각·인지와 관련된 검사(20점)와 기본운동기술검사(20점)로 구성되어 있으며, Test 2는 핸드볼 기술 검사(40점)와 기초체력검사(성공/실패)로 구성되어 있다.

    Test 1단계는 총 40점으로 감각·지각·인지검사(20점)와 기본운동기술검사(20점)로 구성되어 있으며 Test 2단계는 체력검사(성공/실패)와 핸드볼기술검사(40점)로 구성되었다.

    Test 1단계는 운동참여를 위한 기초적인 인지정도와 핸드볼관련 운동 수준을 측정하는 것으로 의사소통(4점), 감각지각(8점), 신체인지(8점) 3가지 하위 영역으로 감각·지각·인지검사(20점)이다. 의사소통영역은 이름 호명, 핸드볼 활동에서 지도자와 선수, 선수와 선수 간 의사소통 정도를 확인하기 위해 검사를 실시한다. 감각지각영역은 핸드볼 활동에서 사용되는 공에 대한 인식과 사람위치, 신체 움직임의 방향을 인지하는 정도를 확인하기 위한 검사이며, 신체인지는 머리, 얼굴, 팔, 다리, 발에 대한 신체부위에 대한 인지정도를 확인

---

1. 스페셜 올림픽 통합 스포츠 배구 지도법 매뉴얼 참고

하기 위한 검사이다. 기본운동기술검사(20점)는 핸드볼에서 주로 사용하는 던지기, 공받기, 드리블과 같은 기본적인 운동기술검사로 기본운동발달검사인 TGMD-2[2]에서 수정 보완하여 달리기(4점), 슬라이드(4점), 제자리멀리뛰기(4점), 던지기(4점), 공받기(4점) 5가지 하위 영역으로 구성되어 있다.

TGMD-2는 만 3~10세 유아와 아동의 대근운동능력을 측정하기 위해 개발된 측정도구이나 아직까지 장애인을 위한 측정도구가 개발되지 않았기 때문에 특수학교에서 장애인의 운동기술검사로 사용되고 있다.

Test 2단계의 기초체력검사(성공/실패)는 핸드볼과 관련된 기초체력을 파악할 수 있는 검사이다. 국내 특수학교 및 학급의 장애학생들을 대상으로 만들어진 PAPS-D(지적장애)[3]를 수정 보완하여 심폐지구력(6분 걷기), 근력 및 근지구력(윗몸 말아 올리기), 순발력(제자리멀리뛰기), 유연성(앉아 윗몸 앞으로 굽히기) 4가지 하위영역으로 구성하였다.

PAPS-D(지적장애)는 장애학생 건강체력평가시스템으로 장애유형별 특성과 기능수준을 고려하여 검사항목, 검사방법, 평가기준을 개발하여 장애학생의 건강체력을 평가하고, 평가결과를 토대로 장애유형에 따른 맞춤형 신체활동 처방이 주어지는 종합 평가시스템이다.

진단기준은 PAPS-D(지적장애)의 5등급기준에서 보통에 해당하는 3등급기준을 성공기준으로 설정하였다. 2단계의 핸드볼기술검사(40점)는 배구 활동 및 경기에서 사용되는 기술 수준과 경기규칙에 대한 인지수준을 파악할 수 있는 검사로 패스(12점), 드리블(12점), 슈팅(10점), 경기규칙(6점) 4가지 하위 영역으로 구성하였다.

---

2. TGMD-2는 TGMD-1을 수정 보완하여 미국 미시간 대학의 Ulrich에 의해 2000년에 출시됨
3. 국립특수교육원(2013a).장애학생 건강체력평가(PAPS-D)개발 종합보고서.한림문화사.

Test 1을 실시하여 총점이 30점 미만일 경우에는 Play Model(놀이모델)로 실시하고, 30점 이상일 경우에는 Game Model(게임모델)로 실시한다. Game Model(게임모델)에 배치된 선수에게는 Test 2를 진단하며 핸드볼 기술 검사 40점에서 30점 이상, 기초체력검사 모두 성공일 경우 Competition Model(경쟁 모델)로 실시한다.

구분	검사유형	하위영역	점수배점	기준	Model적용
Test 1	감각지각 인지	의사소통	4	총40 (30점)	30점 이하 Play Model (놀이모델) 30점 이상 Game Model (게임모델)
		감각지각	8		
		신체인지	8		
	기본운동 기술	달리기	4		
		슬라이드	4		
		제자리 멀리뛰기	4		
		던지기	4		
		공받기	4		
Test 2	핸드볼 기술	패스	12	총40점 /30점	30점 이상 All Pass Competition Model (경쟁모델)
		드리블	12		
		슈팅	10		
		경기규칙	6		
	기초 체력	심폐지구력	Pass/Fail	All Pass	
		근력 및 근지구력 (윗몸일으키기)	Pass/Fail		
		순발력(제자리멀리 뛰기)	Pass/Fail		
		유연성(앉아 윗몸 앞으로 굽히기)	Pass/Fail		

진단평가 1단계
– 감각지각 인지 검사[4]

기술	도구	방법
의사소통 (4점)	출석부	– 코치는 선수의 이름을 부른다. – 선수는 자신의 이름이 호명되면 대답을 한다.

기술	도구 / 검사장소	방법
감각지각 (8점)	방향 콘, 표시 테이프 ◇ ↑↑ ◇ ← ○ → ◇ ↓ ◇	중앙에서 5m 간격으로 앞, 뒤, 좌, 우에 콘을 세운다. – 지도자가 있는 방향으로 보도록 지시한다. – 대상자에게 랜덤으로 앞, 뒤, 좌, 우를 이야기한다. – 대상자는 방향 콘을 짚고 온다. ※ 짚고 오는 방법 이외에 콘을 가지고 오거나, 공과 같은 물건을 콘 　위에 올려두고 가져오라고 할 수 있다.

기술	도구 / 검사장소	방법
신체인지 (8점)		– 지도자는 정해진 4개의 신체부위를 무작위로 지정한다. – 선수는 코치가 지정한 부위를 손으로 짚는다.

---

4 스페셜 올림픽 통합 스포츠 배구 지도법 매뉴얼 참고

성명		총점
측정일자 1차		
측정일자 2차		

수행기준 (각 1점)	1차	2차	점수
1. 자신의 이름을 인지하여 코치를 바라보거나 손을 드는 행동을 한다			
2. 자신의 이름을 인지하고 대답한다			
수행기준 (각 1점)			
1. '앞'이라는 지시를 듣고 앞에 있는 콘을 짚고 온다.			
2. '뒤'라는 지시를 듣고 뒤에 있는 콘을 짚고 온다.			
3. '오른쪽'이라는 지시를 듣고 오른쪽에 있는 콘을 짚 온다.			
4. '왼쪽'이라는 지시를 듣고 왼쪽에 있는 콘을 짚 온다.			
수행기준 (각 1점)			
1. '머리'의 위치를 정확히 알고 짚는다.			
2. '손'의 위치를 정확히 알고 짚는다.			
3. '무릎'의 위치를 정확히 알고 짚는다.			
4. '발'의 위치를 정확히 알고 짚는다.			

진단평가 1단계
– 기본운동 기술 검사

기술	도구	방법
달리기 (8점)	18m의 빈 공간과 콘 2개	– 2개의 콘을 15m 간격으로 둔다. – 두 번째 콘 뒤로 최소한 2–3m의 안전정지거리를 확보한다. – '출발'이라는 소리에 맞춰 선수에게 최대한 빨리 달리도록 한다. – 2번 반복한다

기술	도구 / 검사장소	방법
슬라이드 (8점)	7.5m의 빈 공간과 일직선, 콘 2개	– 마룻바닥 위의 라인 양끝에 7.5m의 거리에 두 개의 콘을 놓는다. – '출발'이라는 소리에 맞춰 선수에게 한 쪽 콘에서 다른 쪽 콘으로 슬라이드하고 되돌아오도록 지시한다. – 2번 반복한다

기술	도구 / 검사장소	방법
제자리 멀리뛰기 (8점)	최소 3m의 빈 공간과 표시용 테이프	– 마룻바닥에 출발선을 표시한다. – 선수에게 선 뒤에서 시작하도록 한다. – 선수가 할 수 있는 한 멀리 점프하도록 지시한다. – 2번 반복한다.

기술	도구	방법
던지기 (8점)	핸드볼공과 벽, 표시용 테이프, 6m의 빈 공간	– 벽으로부터 6m 거리의 마룻바닥에 테이프 조각을 붙인다. – 벽을 마주 보고 6m 선 뒤에 서게 한다. – 벽을 향해 공을 힘껏 던지라고 지시한다. – 두 번 반복한다.

기술	도구 / 검사장소	방법
받기 (4점)	핸드볼 공, 4.5m의 빈 공간, 표시용 테이프	– 4.5m 거리에 두 개의 선을 표시한다. – 한 쪽 선에 서고 패스해 주는 사람은 반대쪽 선에 선다. – 공을 언더핸드로 패스해 주고, 두 손으로 공을 받도록 지시한다. – 두 번 반복한다

* 수행기준에 대한 점수부여는 피검자가 가능한 경우 1점, 불가능하거나 불명확한 경우는 0점으로 한다.

* 1회 검사 시 2회(1차, 2차) 실시한다.

성명		총점
측정일자 1차		
측정일자 2차		

수행기준	1차	2차	점수
1. 팔과 다리는 엇갈려 움직이고, 팔꿈치는 구부린다.			
2. 양발이 동시에 땅에서 떨어지는 순간이 있다.			
3. 땅에 딛지 않은 발을 90도 정도 뒤로 구부린다.(예. 엉덩이에 닿을 만큼)			
4. 출발선에서 15M 앞에 있는 종료지점까지 5초 안에 도착한다.			
수행기준			
1. 이동방향을 향해 몸을 옆으로 돌리고, 어깨를 나란히 정렬한다.			
2. 발을 내딛은 후 중심을 이동시키고 따라나가는 발은 슬라이드를 하며 옆으로 한 스텝 이동한다.			
3. 오른쪽으로 최소한 4회 연속적으로 슬라이드 한다.			
4. 왼쪽으로 최소한 4회 연속적으로 슬라이드 한다.			
수행기준			
1. 준비 동작은 팔을 몸 뒤로 편 다음 두 무릎을 구부린다.			
2. 앞과 위로 힘껏 팔을 펴며 머리 위로 팔을 최대한 든다.			
3. 두 발을 동시에 이지하여 착지한다.			
4. 양팔을 아래로 내리며 착지한다.			
수행기준			
1. 와인드업은 손/팔의 아랫방향에서 시작된다.			
2. 던지지 않는 쪽이 벽을 향한 상태에서 엉덩이와 어깨를 던지는 쪽(point)으로 회전시킨다.			
3. 던지는 팔의 반대 발을 앞으로 내밀면서 체중을 이동한다.			
4. 볼을 던진 후에 던진 팔의 반대 측면을 향해 대각선 방향으로 폴로 스루(follow throw)한다.			
수행기준			
1. 몸 앞으로 손을 내밀고 팔꿈치를 유연하게 구부려 준비한다.			
2. 공을 받기 위해 팔을 앞으로 뻗어 손으로 잡는다.			

진단평가 2단계
- 체력 검사

기술	도구	방법
심폐 지구력 (6분걷기)	표시용 고깔, 초시계, 호각, 표시테이프, 50m줄자	– 가로 10m × 세로 5m , 총 30m인 직사각형 모양의 보행경로를 구성한다. – 시작 신호에 맞춰 출발하여 6분 동안 이동한 총 거리를 표시한다. ※ 여러 선수를 동시에 검사할 수 있다.

기술	도구 / 검사장소	방법
근력 및 근지구력 (윗몸말아 올리기)	매트, 계수기, 초시계	– 매트 위에서 검사를 실시한다. – 선수는 코치의 시작 신호에 맞게 윗몸일으키기를 1분간 실시한다.

기술	도구 / 검사장소	방법
순발력 (제자리 멀리뛰기)	줄자, 표시테이프	– 선수는 시작지점에 양발을 어깨너비로 선다. – 시작 신호에 따라 제자리에서 몸의 반동을 이용하여 최대한 멀리 뛴다. – 두 번 실시하여 높은 기록을 택한다.

기술	도구 / 검사장소	방법
유연성(앉아 윗몸 앞으로 굽히기)	줄자, 표시테이프	– 선수는 신발을 벗고 앉아 다리를 곧게 뻗는다. – 시작 신호에 맞춰 숨을 내쉬며 윗몸을 앞으로 천천히 굽히며 손을 뻗는다. – 손바닥에 발끝이 닿도록 한다. – 두 번 실시하여 높은 기록을 택한다.

* 체력검사 결과는 수행기준을 만족하는지의 여부에 따라 Pass(P), Fail(F)로 표기한다.

성명		총점
측정일자 1차		
측정일자 2차		

수행기준	성공/실패

연령	기준
초등학교	480m 이상
중학교	500m 이상
고등학교	520m 이상
*paps-d의 3등급 수준	

수행기준	성공/실패

연령	기준
초등학교	17개 이상
중학교	27개 이상
고등학교	30개 이상
*paps-d의 3등급 수준	

수행기준	성공/실패

연령	기준
초등학교	127cm 이상
중학교	149cm 이상
고등학교	164cm 이상
*paps-d의 3등급 수준	

수행기준	성공/실패

발바닥에서 손끝을 측정한다.

진단평가 1단계
- 기본운동 기술 검사

기술	도구	방법
패스 (12점)	핸드볼공, 표시 테이프	– 지도자는 일정 간격을 두고 선수와 마주보고 선다. – 지도자가 던져주는 공을 숄더 패스로 다시 보낸다. – 지도자가 던져주는 공을 오버핸드 패스로 다시 보낸다. – 각 패스별로 3회씩 시도한다. – 각 패스는 총 6회 실시하고 한 패스는 2점씩 처리한다.

기술	도구 / 검사장소	방법
드리블 (12점)	7.5m의 빈 공간과 일직선, 콘 2개	– 마룻바닥 위의 라인 양끝에 7.5m의 거리에 두 개의 콘을 놓는다. – '출발'이라는 소리에 맞춰 선수에게 한 쪽 콘에서 다른 쪽 콘으로 드리블하고 되돌아오도록 지시한다. – 2번 반복한다.

기술	도구 / 검사장소	방법
슈팅 (10점)	핸드볼공, 골대, 골키퍼	– 선수는 정면을 보고 공을 잡고 3스텝으로 6M에서 슈팅을 한다. – 각 슈팅은 5회 실시하고 한 슈팅당 2점씩 처리한다. – 3스텝을 넘어가거나 라인을 밟으면 1점 감점처리한다.

기술	도구 / 검사장소	방법
경기규칙 (6점)	핸드볼경기장 도면, 화이트 보드, 경기규칙 설명서	– 화이트보드에 핸드볼경기장을 그린다. – 지도자는 선수에게 경기장의 각각의 위치에 대한 질문을 한다. – 경기규칙에 대한 질문을 한다. – 총 6문항을 질문하고 한 질문당 1점을 부여한다.

* 불가능하거나 불명확한 경우 0점으로 한다.
* 1회 검사 시 2회(1차,2차) 실시한다.

성명		총점	
측정일자 1차			
측정일자 2차			

수행기준	1차	2차	점수
1. 숄더 패스를 3회 시도하여 성공한다(성공 횟수로 점수 부여)			
2. 오버핸드 패스를 3회 시도하여 성공한다(성공 횟수로 점수 부여)			
수행기준			
1. 선수는 일정 간격 안에서 직진 드리블을 실수하지 않고 성공한다.			
2. 선수는 일정 간격 안에서 지그재그 드리블을 실수하지 않고 성공한다.			
수행기준			
1. 3스텝을 넘어가지 않는다.			
2. 6M라인을 밟지 않는다.			
3. 슛을 골대에 넣어 성공한다.			
수행기준			
1. 핸드볼 경기장에 대하여 3문항을 질문하고 답한다.			
2. 핸드볼 경기규칙에 대하여 3문항 질문하고 답한다.			

발달장애인 핸드볼 매뉴얼
핸드볼 지도서

PART 3

발달장애인 핸드볼 진단방법과 적용

발달장애인 핸드볼 기초 운동(공통): 1. 준비운동   2. 스트레칭   3. 근력운동

발달장애인 핸드볼 기술 활동

	공놀이	드리블	패스
Play Model			
	1. 공 이해하기	1. 제자리 드리블	1. 체스트패스
	2. 공 굴리기	2. 양손 드리블	2. 숄더 패스
	3. 오른손, 왼손 공 주고받기		3. 바운드패스
	4. 오른손, 왼손 머리 위로 공 주고받기		4. 롱 패스
	5. 오른손, 왼손 허리 아래로 공 주고받기		5. 래터럴 패스
	6. 허리로 공돌리기		
	7. 다리 지그재그 공 돌리기		
Game Model		1. 러닝 드리블	1. 점프패스
		2. 지그재그 드리블	2. 2인런닝패스
		3. 드리블 강약 조절	3. 3인런닝패스
			4. 크로스런닝 패스
Competition Model		1. 제자리 두 공 양손 드리블	1. 2대1런닝 패스
		2. 두 공 함께 런닝 드리블	2. 3대2런닝 패스
		3. 두 공 번갈아서 런닝 드리블	3. 4대3 크로스런닝 패스
			4. 런닝 롱 패스

캐치	슈팅	공격기술	수비기술	전술
기본연습활동				
1. 허리위쪽 캐치			1. 수비자세 익히기	
2. 허리아래쪽 캐치			2. 가슴밀기	
			3. 어깨밀기	
			4. 등밀기	
통합활동				
1. 릴레이 드리블 게임				
2. 공뺏기놀이				
기본연습활동				
1. 한손캐치	1. 스템 슛	1. 스플릿 페인트	1. 전진 수비 익히기	
2. 런닝캐치	2. 점프 슛	2. 인 페인트	2. 좌, 우 수비 익히기	
	3. 윙슛	3. 아웃 페인트	3. 크로스 수비 익히기	
	4. 로빙슛	4. 턴 페인트		
통합활동				
1. 릴레이 지그재그 드리블 게임				
2. 4각 런닝 패스 게임				
3. 공격과 수비 골대 변형 게임				
기본연습활동				
1. 무작위 방향 캐치	1. 다이빙 슛	1. 1대1 페인트	1. 1–5수비대형	1. 포지션의 이해
2. 서서, 앉아서 캐치	2. 속공 슛	2. 2대2 페인트	2. 2–4수비대형	2. 속공법 전술
3. 누워서 캐치	3. 스카이 슛	3. 백 포지션 페인트	3. 6–0수비대형	3. 지공법 전술
	4. 7m드로우슛	4. 윙 포지션 페인트		
통합활동				
1. 간이게임(2:2게임, 3:3게임, 4:4게임)				
2. 7m드로우 게임				

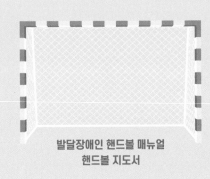

발달장애인 핸드볼 매뉴얼
핸드볼 지도서

PART 4

발달장애인 핸드볼 활동을 위한 기초운동

발달장애인 핸드볼을 위한
준비운동

    핸드볼 운동은 달리면서 드리블과 패스를 해야 하고 상대선수와 몸 마찰이 심하여 체력소모가 많기 때문에 반드시 운동하기 전에 준비운동을 하는 것이 중요하다. 준비운동은 몸을 점차적으로 이완시켜 주고 신체에 필요한 혈액을 공급할 수 있도록 심박수를 증가시키고 혈액순환과 체온증가를 시킴으로 부상을 방지하고 근 손실을 막을 수 있어 반드시 가장 먼저 수행하여야 한다. 핸드볼은 뛰면서 하는 운동으로 처음에 가볍게 달리기를 하면서 시작하는 것을 권장한다. 준비운동은 보통 심장에서 먼 부분에서 시작하는 것이 안전하며 발목, 무릎, 허리, 어깨, 목, 손목 순으로 핸드볼 운동에서 많이 사용하는 부위를 중심으로 동작을 구성한다.

1. 발목운동

    핸드볼은 뛰면서 하는 동작이 많기 때문에 발목이 접히고 꺾일 수 있어 발목을 원으로 돌리면서 부드럽게 풀어주어야 발목 부상을 예방할 수 있다.

    연습방법 발목은 부드럽게 회전할 수 있도록 안쪽부터 8회 돌리고 바깥쪽으로 8회 실시한다. 반대발도 똑같이 실시한다.

2. 무릎운동

1) 무릎 돌리기

무릎은 다리의 움직임에서 주요부위로 뛰는 흐름을 조절하거나 페인트 동작 시 방향전환을 할 때 많이 사용되기 때문에 회전, 스트레치를 함께해 준다.

연습방법 양쪽 무릎을 한 방향으로 8회 돌려주고 반대 방향으로 8회 돌려준다.

2) 무릎 작게 눌러주기

연습방법 한 쪽 무릎은 작게 펴고 반대쪽 무릎은 구부려서 8회 정도 눌러준다. 반대무릎도 똑같이 실시한다.

3) 무릎 크게 눌러주기

연습방법 한쪽 무릎은 다 펴고 반대쪽 무릎은 앉아서 8초 정도 눌러준다. 반대무릎도 똑같이 실시한다.

3. 허리 돌리기

허리는 척추와 골반의 중심으로 모든 움직임의 원천이 된다. 힘을 팔과 다리에 연결시키고 자세를 낮추는 데 중요한 역할을 하기 때문에 부드럽게 회전해서 풀어준다.

연습방법 허리는 전체적으로 천천히 돌려주며 시계반대방향 1회, 시계방향 1회로 총 4회 실시한다. 반대허리도 똑같이 실시한다.

4. 어깨 운동

핸드볼의 패스와 숏, 캐치 등 주요 동작을 실행하는 데 어깨의 움직임이 매우 중요하다. 이에 작게 돌리기와 크게 돌리기를 모두 실시한다.

1) 어깨 작게 돌리기

`연습방법` 손을 어깨에 놓고 몸의 바깥 방향으로 4회 돌려주고 몸의 안쪽으로 4회 돌려준다.

(2) 어깨 크게 돌리기

`연습방법` 팔을 모두 펴서 몸의 바깥 방향으로 4회 돌려주고 몸의 안쪽으로 4회 돌려준다.

5. 목 운동

목은 양 어깨의 중심에 있어 머리의 무게를 받치고 있기 때문에 항상 부하가 걸려 있다. 특히, 경추부위를 부드럽게 회전해서 풀어준다.

연습방법 몸을 바르게 정렬하고 손을 허리에 편안하게 놓고 천천히 한 방향으로 돌려주고 반대 방향도 돌려주는 것을 반복하여 8회 정도 실시한다.

6. 손목 운동

핸드볼에서는 손목이 매우 중요한 부위로 스냅 운동을 하는 데 중요한 역할을 하기 때문에 회전 운동을 하여 충분히 풀어준다.

연습방법 한쪽 손으로 반대쪽 손목을 잡고 천천히 4회 돌려주고 반대 방향도 반복하여 4회 실시한다. 반대 손도 똑같이 실시한다.

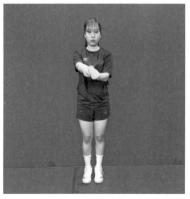 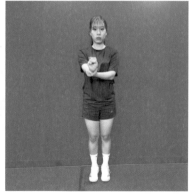

발달장애인 핸드볼을 위한 스트레칭

1. 발목 스트레치

1) 발목 플렉션

`연습방법` 앉아서 한쪽 발목을 쭉 펴서 바깥쪽으로 10초 정도 실시한다. 앉아서 발꿈치를 바닥에 대고 발끝을 몸 쪽으로 당겨서 10초 정도 실시한다.

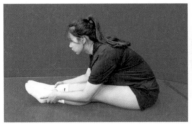

2) 발목 외번 & 내번

`연습방법` 서서 발목 안쪽으로 접어서 바깥쪽으로 10초 눌러준다. 서서 발목을 바깥쪽으로 접어서 안쪽으로 10초 눌러준다.

2. 어깨 스트레치

1) 견갑골 정렬 스트레치

(1) 견갑골 전인 & 후인

연습방법 척추와 골반을 정렬하여 척추와 골반을 정렬하여 앉고 무릎은 양반다리나 개구리 자세로 접어서 편하게 자세를 잡고 양 손을 앞으로 마주 잡고 팔을 앞쪽으로 10초, 뒤쪽으로 10초 정도 뻗어준다.

(2) 어깨 거상 & 하강

연습방법 척추와 골반을 정렬하여 앉고 무릎은 양반다리나 개구리 자세로 접어서 편하게 자세를 잡고 양손을 깍지 끼고 하늘을 향하여 팔을 위로 10초 정도 뻗어주고 그 상태에서 어깨만 10초 정도 끌어 내린다.

(3) 어깨 몸통 앞으로 당기기

연습방법 척추와 골반을 정렬하여 똑바로 서서 한쪽 팔을 어깨높이로 올리고 손바닥을 펴서 위로 향하게 한다. 그 다음 팔을 반대쪽 어깨와 수평면으로 뻗어 가슴쪽으로 당기고 반대쪽 팔은 뻗은 팔을 아래서 위로 감싸 안고 10초 정도 스트레칭한다. 반대쪽 똑같이 실시한다.

3. 척추기립근 스트레치

연습방법 팔은 W자 모양을 하고 엎드려서 눕고 바닥에서 코를 살짝 띄워 목을 길게 한다. 그 다음 팔을 천천히 펴서 상체를 올리고 10초 정도 스트레치 한다.

발달장애인 핸드볼을 위한
근력운동

　핸드볼은 근력, 지구력, 민첩성, 유연성, 조정력 등 많은 체력 요소를 요하는 운동으로 먼저 신체의 근육을 만들고 강화시킬 수 있는 근력운동이 필요하다. 발달장애인들을 위한 기초적인 근력운동은 복부, 엉덩이와 척추기립근, 다리, 어깨를 중심으로 호흡에 맞추어 간단하고 손쉽게 할 수 있는 근력운동으로 구성하였다. 호흡은 우리 몸에 산소를 불어넣어 주어 근육을 더욱 활성화시키고 근육의 모세혈관을 확장하여 근력을 형성하는 데 매우 도움이 된다. 따라서 모든 운동은 호흡에 맞추어 실시한다. 호흡 방법은 숨을 들이마실 때는 입을 다물고 코로 깊게 들이마시면서 흉통을 확장시켜 폐에 산소가 많이 들어갈 수 있도록 하고 내쉴 때는 입을 오므리고 바람을 불듯이 하고 이때 복직근을 먼저 움직이고 외복사근과 내복사근을 동원하여 복횡근, 골반저근을 함께 조여준다. 배꼽을 척추 쪽으로 밀어내듯이 하면 더욱 효과적이다.

1. 복부 코어 강화 운동

1) 상체 올리기

준비자세 누워서 다리를 90도로 접고 두 손은 머리를 감싼 다음 허리를 정렬자세로 놓는다. 10회~20회 정도 실시

① 호흡을 마시고 준비한다.

② 시선은 살짝 아래를 보고 경추를 늘려준다.

③ 호흡을 내시면서 상체 흉추 7번까지 올라와서 복부를 조인다.

④ 호흡을 마시면서 제자리로 간다.

2) 하체 올리기

준비자세 누워서 다리를 90도로 접고 무릎을 살짝 벌리고 두 발바닥을 마주본다. 두 손은 바닥에 놓고 허리를 바닥에 붙여서 놓는다. 10회~20회 정도 실시, 발 바꾸어서 실시

① 호흡을 마시고 준비한다.

② 호흡을 내시면서 엉덩이를 하늘로 올리듯이 하복부를 조이고 다리는 접은 상태를 유지한다.

2. 엉덩이 강화 운동

1) 대둔근 강화 운동

준비자세 엎드려 누워서 다리를 쭉 뻗고 두 손은 이마에 놓은 다음 바닥에서 떨어지지
않게 한다. 10회~20회 정도 실시

① 호흡을 마시고 준비한다.

② 호흡을 내시면서 두 다리를 하늘로 들어올린다.

③ 호흡을 마시면서 제자리로 간다.

2) 척추 기립근 강화 운동

준비자세 엎드려 누워서 다리를 쭉 뻗고 두 손은 이마에 놓은 다음 바닥에서 떨어지지
않게 한다. 10회~20회 정도 실시

① 호흡을 마시고 준비한다.

② 호흡을 내시면서 상체를 명치까지 하늘로 들어올린다.

③ 호흡을 마시면서 제자리로 간다.

3) 중둔근 강화 운동

준비자세 옆으로 누워서 한쪽 팔꿈치를 접고 아래쪽 다리를 90도로 접고 위쪽 다리를 골반까지 쭉 뻗는다. 한쪽 방향으로 10회~20회 정도 실시 / 반대쪽 똑같이 실시

① 호흡을 마시고 위쪽 다리를 골반까지 올린다.

② 호흡을 내시면서 위쪽 다리를 안쪽(바깥쪽)으로 원을 그리듯 돌린다.

③ 호흡을 마시면서 제자리로 간다.

3. 다리 강화 운동

1) 스쿼트

준비자세 가슴과 머리, 척추는 정렬 자세로 서서 두 발의 간격은 어깨보다 약간 넓게 한다. 10회~20회 정도 실시

① 호흡을 마시고 준비한다.

② 호흡을 내시면서 엉덩이를 수축시키고 머리와 가슴은 위로 유지하고 머리와 척추는 엉덩이와 바닥과 45도 정도로 각도가 이루어지게 두 무릎을 구부린다. (두 무릎은 발과 평행하게 유지한다)

③ 호흡을 마시면서 제자리로 간다.

2) 런지

준비자세 가슴과 머리, 척추는 정렬 자세로 서서 한 발은 앞으로 내딛어서 정면을 보고
서 있는다. 10회~20회 정도 실시 / 반대쪽 똑같이 실시

① 호흡을 마시고 준비한다.

② 호흡을 내시면서 엉덩이를 수축시키고 앞무릎이 90도 각도를 만들 수 있
도록 내려가며 머리와 가슴은 위로 유지하고 척추와 뒤쪽 무릎이 일직선
이 되도록 한다.

③ 호흡을 마시면서 제자리로 간다.

4. 어깨 강화 운동

1) 푸쉬업 예비 동작

준비자세 엎드린 상태에서 양손은 어깨너비로 벌리고 팔은 어깨와 손목이 수직이 되게
하고 무릎을 바닥에 대고 다리는 구부린다. 머리와 척추, 엉덩이가 일직선으
로 정렬을 유지한 상태에서 전신의 체중을 두 손과 두 무릎에 둔다. 10회~20
회 정도 실시

① 호흡을 내시면서 팔이 아래로 내려간다.

② 호흡을 마시면서 다시 제자리로 돌아온다.

2) 푸쉬업

준비자세 엎드린 상태에서 양손은 어깨너비로 벌리고 팔은 어깨와 손목이 수직이 되게 하고 머리와 척추, 엉덩이가 일직선으로 정렬을 유지한 상태에서 전신의 체중을 두 손과 두 발에 둔다. 10회~20회 정도 실시

① 호흡을 마시면서 바닥과 가까이 내려간다.

② 호흡을 내시면서 다시 제자리로 돌아온다.

3) 손가락 푸쉬업

준비자세 엎드린 상태에서 양손은 손바닥이 바닥에 닿지 않게 하고 다섯 손가락 끝으로 체중을 싣고 팔은 어깨와 손목이 수직이 되게 하고 머리와 척추, 엉덩이가 일직선으로 정렬을 유지한 상태에서 전신의 체중을 두 손과 두 발에 둔다. 10회~20회 정도 실시

① 호흡을 마시면서 바닥과 가까이 내려간다.

② 호흡을 내시면서 다시 제자리로 돌아온다.

발달장애인 핸드볼 매뉴얼
핸드볼 지도서

PART 5

발달장애인 핸드볼 활동을 위한 프로그램

Play Model
(놀이모델)

1. 공놀이

발달 장애인들이 공에 대한 감각을 발달시키기 위해서는 우선 공을 무서워하지 않고 공과 친해질 수 있는 시간을 가져야 한다. 공의 크기와 무게에 익숙해지기 위해서 공을 만져보고 비벼보고 들어보면서 공을 가지고 자유롭게 놀이를 할 수 있는 시간을 가져야 한다. 이러한 과정은 핸드볼경기에서 자신이 공을 가지고 있는 동안 안전하게 조절할 수 있고 다음 동작까지 연결할 수 있도록 하는 데 중요한 기초가 될 수 있다.

1) 공 이해하기

공을 잡고 힘을 주었다 뺐다 반복하여 손바닥과 손가락이 공 표면에 강, 약으로 힘이 닿을 수 있도록 조절한다. 공의 크기와 딱딱한 정도를 파악하고 손바닥에 공을 쥐고 공의 무게를 파악할 수 있도록 자유롭게 움직인다. 처음에는 시선을 항상 공에 주시하면서 움직일 수 있고 공을 지나치게 꽉 잡지 않도록 주의한다. 두 손으로 공 잡기와 한 손으로 공잡기를 나누어 실시한다.

연습방법 – 자유롭게 공을 만지면서 공의 느낌을 알아본다.

　　　　　– 손으로 공을 아래로 잡고 위로 잡는다.

2) 공 굴리기

두 명씩 마주보고 편하게 앉아서 한쪽 선수가 두 손으로 공을 굴리고 반대쪽 선수도 공을 잡고 다시 공을 굴린다.

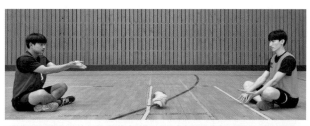

연습방법 – 두 명씩 짝을 지어 앉아서 상대방에게 공을 굴리면서 힘을 조절해 본다.

　　　　　– 익숙해지면 다리를 펴고 공을 한 손씩 굴린다.

　　　　　– 세 명씩 짝을 지어 차례대로 공을 굴린다.

3) 오른손, 왼손 공 주고받기

공을 한쪽 손으로 가볍게 주고 반대쪽 손으로 받는 동작이다. 손에 너무 힘을 주지 않고 손가락을 이용하여 처음에는 가까운 거리를 유지하면서 제자리에서 실시하고 공을 다루는 데 조금 익숙해지면 점차적으로 공 던지는 거리를 멀리하면서 실시한다.

연습방법 오른손, 왼손을 최대한 가까이에서 주고받는다. 익숙해지면 벽을 대고 오른손으로 던지고 나오는 공을 잡고 다시 왼손으로 던지면서 연습한다.

4) 오른손, 왼손 머리 위로 공 주고받기

공을 한쪽 손으로 머리 위로 던져서 반대쪽 손으로 받는 동작이다. 처음에는 팔꿈치를 접어서 하고 익숙해지면 팔꿈치를 다 펴서 실시한다. 던질 때 거리 조절을 해야 되고 받을 때 한 손으로 정확하게 받을 수 있도록 실시한다.

연습방법 공을 한 손으로 잡고 손목의 스냅 연습만 하면서 공을 던지지 않는다. 양쪽 손 모두 연습한다. 익숙해지면 옆으로 서서 벽을 대고 한 손으로 던지고 나오는 공을 잡고 다시 던지면서 연습한다.

5) 오른손, 왼손 허리 아래로 공 주고받기

허리를 숙여서 허리 아래에서 공을 한쪽 손으로 가볍게 주고 반대쪽 손으로 받는 동작이다.

연습방법 손에 너무 힘을 주지 않고 손가락을 이용하여 처음에는 가까운 거리를 유지하면서 제자리에서 실시하고 공을 다루는 데 조금 익숙해지면 점차적으로 공 던지는 거리를 멀리하면서 연습한다.

6) 허리중심으로 공돌리기

한 손으로 반대 손에 공을 주면, 반대 손은 공을 쥐고 허리 뒤로 공을 주는 동작이다. 시계 반대방향으로 10회, 시계방향으로 10회 교차하면서 공을 돌린다.

연습방법 두 명씩 짝을 지어 등을 맞대고 같은 방향으로 허리를 돌려 서로 공을 주고받고 반대로 허리를 돌려서 공을 주고받는다.

7) 다리 지그재그 공 돌리기

다리를 어깨 넓이 정도로 벌린 상태에서 허리를 숙이고 무릎 아래에서 공을 다리 사이로 통과시켜 반대 손으로 잡는 동작이다. 앞쪽에서 공을 쥐고 있는 손이 뒤쪽으로 반대 손으로 공을 쥐어주고 서로 교차하면서 실시한다.

연습방법 처음에는 허리를 숙여서 공을 다리 사이로 8자로 굴리면서 연습한다. 무릎과 허리의 반동으로 자연스럽게 조절하고 익숙해지면 거꾸로 뒤쪽에서 앞쪽으로 공을 보내면서 실시한다.

2. 드리블

핸드볼에서 드리블은 공격을 할 때 이동을 하거나 공을 소유하는 데 매우 중요한 요소로 3스텝을 모두 사용하거나 3초가 넘어가지 전에 패스할 동료가 없을 때 사용할 수 있고 슛을 하기 전에 속임수 동작으로 사용할 수 있다.

■ 주의사항
 - 공을 손바닥으로 때리듯이 하면 안 됨
 - 공을 너무 감싸 안아서 공이 손바닥 위로 가면 더블 드리블로 간주됨
 - 드리블을 할 때 너무 공만 바라보면 안 됨

1) 제자리 드리블

드리블의 기본자세는 상체를 조금 낮추고 공의 윗부분을 손가락으로 감싸고 팔꿈치는 90도 정도로 유지하고 시작하며 그 다음은 팔꿈치를 펴면서 손가락으로 공을 누르며 밀고 다시 튀어오르는 공은 손목을 사용하여 부드럽게 끌어올리면서 반복한다. 반대 손도 똑같이 실시한다.

연습방법 한 손으로 공을 잡고 다시 공을 튀기고 다시 똑같은 손으로 공을 잡고 다시 공을 튀기면서 동작을 끊어서 연습한다.

2) 양손 드리블

제자리 드리블처럼 동작을 하며 오른손 왼손을 번갈아 가면서 실시하며 익숙해지면 발을 움직이면서 실시한다.

연습방법 왼손으로 공을 잡고 다시 공을 튀기고 다시 오른손으로 공을 잡고 다시 공을 튀기면서 동작을 끊어서 연습한다.

3. 패스

패스는 공격수가 자기팀의 다른 공격수에게 공을 던지면서 공을 이동시키는 행위로 숏팅과 직결되기 때문에 핸드볼의 경기력에서 매우 중요한 요소이다.

패스를 할 때 주의사항은 첫째, 상대 팀의 수비수에게 공을 빼앗기지 않도록 다른 공격수에게 안전하게 넘겨주어야 한다. 둘째, 패스할 대상의 신장을 고려하고 현재 상황과 이동속도 등을 파악해서 정확하게 던져야 한다. 셋째, 공을 너무 세게 던지거나 부정확하게 던지면 캐치를 하는 다른 공격수가 다음 동작을 연결하는 데 제한이 따르기 때문에 항상 쉽고 편하게 받을 수 있도록 한다.

1) 체스트패스

양손으로 공을 잡고 상대방의 가슴 쪽으로 팔꿈치를 뻗으면서 손목의 스냅을 사용하여 가볍게 공을 던진다.

연습방법 두 명씩 짝을 지어 가까이에서 체스트 패스를 한다. 정확하게 가슴에 줄 수 있도록 한다. 다른 짝을 바꾸어서 연습한다.

2) 숄더 패스

핸드볼에서 숄더 패스는 가장 많이 사용되는 패스로 나중에 일반적인 숏 자세에도 영향을 주기 때문에 좋은 자세로 기본기를 만드는 것이 중요하다. 숄더 패스는 두 가지 유형이 있는데 팔을 돌려서 하는 오버핸드 패스와 직접 어깨로 올려서 하는 숄더 패스가 있다. 이는 자신에게 적합한 유형을 선택하여 실시한다.

– 오버핸드 패스

– 숄더 패스

연습방법 두 명씩 짝을 지어 가까이에서 패스를 한다. 정확하게 가슴에 줄 수 있도록 한다. 익숙해지면 세 명씩, 네 명씩 짝을 지어 연습한다.

3) 바운드패스

숄더패스와 똑같은 자세로 실시하며 공을 한 번 바닥에 튀기고 상대방의 가슴에 갈 수 있도록 실시한다. 손목의 스냅을 사용하여 처음에는 가까이에서 점점 먼 거리를 조절할 수 있다.

연습방법 서서, 앉아서 벽치기

패스는 둘이 주고받는 것이 기본이지만 처음에는 서서 벽치기를 실시한다. 자신에게 맞는 패스유형을 선택하여 가장 쉽게 서서 벽 정면을 바라보고 정중면에 공을 던진다.

서서, 앉아서 공을 던질 때 공의 방향을 직선이나 포물선으로 조절하여 던지는 연습을 하고 앉아서 벽치기는 복부에 힘을 더 주어 실시한다.

– 서서 벽치기

– 앉아서 벽치기

4) 롱 패스

롱 패스는 공격을 할 때 속공으로 단시간에 바로 슛으로 연결할 수 있는 패스로 어깨에 힘이 많이 들어가고 자세가 흐트러질 수 있어서 공이 정확하게 가는 것이 어려울 수 있어 연습을 많이 실시해야 한다. 공은 포물선 모양으로 안정되게 가는 것이 좋으며 거리에 대한 감각이 살아날 수 있도록 한다.

연습방법 두 명씩 짝을 지어 가까이에서 패스를 한다. 정확하게 가슴에 줄 수 있도록 한다. 롱패스는 힘이 많이 들어가기 때문에 두 팀으로 나누어서 돌아가면서 연습한다.

5) 래터럴 패스

래터럴 패스는 옆에 가까이 있는 자기편에게 패스하는 것을 말하며 몸통을 돌리지 않고 옆으로 공을 던진다. 빠르게 패스하면 수비의 공간을 넓히는 데 효과적이고 결정적인 숏 기회를 만들 수 있다. 몸통 중앙 또는 패스의 반대 방향 허리부분 높이에서 공이 손바닥 아래로 향하여 공을 잡는다. 패스하는 방향으로 스텝을 밟으며 옆쪽으로 팔을 쭉 펴고 손목을 뿌리듯이 공을 던진다.

연습방법 두 명씩 짝을 지어 가까이에서 패스를 한다. 오른손, 왼손을 바꾸어서 연습한다. 익숙해지면 세 명씩, 네 명씩 같은 방향으로 짝을 지어 패스 연습한다.

4. 캐치

캐치는 패스를 하고 공을 받는 동작이다. 공을 잡을 때는 내 가슴 앞에 안정적으로 올 수도 있지만 리바운드를 할 때나 수비를 따돌리면서 공을 잡아야 할 때는 무작위로 오는 공을 잡아야 한다. 따라서 캐치는 두 손으로 받을 수도 있고 한 손으로도 받을 수 있도록 연습해야 한다.

1) 허리 위쪽 캐치

공이 허리 위쪽으로 날아오면 두 손으로 공을 잡아야 하는데 이때 두 손을 벌리고 엄지와 검지손가락이 가까이 닿을 듯 말 듯하게 삼각형 모양이 되도록 하고 공을 감싸 안는 듯 가슴 쪽으로 빠르게 가져온다. 이때 시선은 정중면을 바라보고 어깨의 힘을 뺀다. 손바닥은 공과 약간의 간격을 두고 지나치게 공을 꽉 잡지 않고 팔꿈치는 옆구리에서 살짝 띄우고 공과 가슴 사이에 주먹 정도의 간격을 둔다.

잘못된 자세

연습방법 선수들은 일렬로 같은 방향으로 줄을 선다. 첫 번째 선수부터 마지막 선수까지 차례대로 공을 옆으로 정확하게 전달한다.

2) 허리 아래쪽 캐치

공이 허리 아래쪽으로 날아오면 자세를 낮추어 두 손으로 공을 잡아야 하는데 이때 손바닥이 바깥을 보면서 두 손을 아래로 내밀며 준비하고 있다가 공을 잡을 때 팔꿈치를 구부려서 공을 감싸 안은 듯이 가슴 쪽으로 빠르게 가져온다. 이때 시선은 공을 계속 주시한다.

연습방법 선수들은 일렬로 같은 방향으로 줄을 선다. 첫 번째 선수부터 마지막 선수까지 차례대로 공을 다리 아래로 정확하게 전달한다.

5. 수비기술

1) 수비자세 익히기

수비는 공격자의 공격을 막기 위해 무릎을 낮추어 자세를 구부린다. 양팔은 옆으로 벌리고 시선은 공격자의 움직이는 방향과 공을 어떻게 하는지 살핀다. 손이나 팔로 잡으면서 공격자를 막는 것보다 스텝을 움직이면서 사전에 공격을 차단하는 것이 중요하다.

– 사이드 스텝

6M라인을 따라 한 방향으로 사이드 스텝 자세를 연결해서 한다. 반대쪽도
똑같이 실시한다.

– 크로스 스텝

6M라인을 따라 한 방향으로 왼발을 옆으로 놓고 그 다음 오른발을 왼발 앞
으로 지나는 동작을 반복해서 한다. 반대쪽도 똑같이 실시한다.

2) 가슴밀기

둘씩 짝을 지어 마주보고 전진스텝과 후진스텝을 사용하여 서로 가슴을 밀친다.

연습방법 – 핸드볼 경기에서 수비를 할 때에는 손을 쓰는 것보다는 몸을 사용해서 수비할 수 있도록 연습한다.

– 조금 익숙해지면 점프를 해서 가슴을 밀치도록 연습한다.

3) 어깨밀기

둘씩 짝을 지어 마주보고 전진스텝과 후진스텝을 사용하여 서로 같은 방향의 어깨를 밀친다. 양쪽으로 번갈아가면서 실시한다.

연습방법 - 1:1로 서로 마주보고 자세를 낮추어 전진할 수 있도록 연습한다.
　　　　 - 서로 만나는 지점을 정확하게 알려준다.

■ 주의사항
어깨를 밀면서 상대방의 발을 밟지 않도록 주의한다.

4) 등밀기

둘씩 짝을 지어 마주보고 전진스텝과 후진스텝을 사용하여 서로 등을 밀친다.

연습방법 - 1:1로 서로 등을 지고 자세를 낮추어 후진 스텝으로 등을 만날 수 있도록 연습한다.

- 서로 만나는 지점을 정확하게 알려준다.

6. 통합활동

1) 릴레이 드리블 게임

두 편으로 나누어 릴레이 형식으로 드리블을 하여 반환점을 돌아오면서 먼저 들어온 팀이 이기는 게임

연습방법 – 선수들이 드리블을 뛰면서 한 발짝 앞으로 공을 튀길 수 있도록 지도한다.

– 공이 밖으로 튕겨나가면 나간 자리에서 다시 시작할 수 있도록 한다.

– 다음 사람과 교대할 때 자신의 순서를 인지할 수 있도록 지도한다.

■ 주의사항

상대팀의 구역으로 나가거나 상대팀의 반환점을 돌지 않도록 주의한다.

2) 공뺏기 놀이

두 팀으로 나누어 패스횟수를 정해 놓고 한 팀은 공격, 한 팀은 수비를 하여 목표에 도달하면 이기는 게임이다. 횟수를 채우지 못하고 공이 상대팀에 넘어가면 다시 시작하는 것이다. 패스 횟수를 줄여서 해도 된다.

연습방법 패스와 캐치를 잘할 수 있도록 독려한다. 캐치할 공간을 만들 수 있도록 많이 움직인다.

- 주의사항
  - 정해진 구역에서 나가지 않도록 주의한다.
  - 상대팀에게 패스하지 않도록 훈련한다.

Game Model
(게임모델)

1. 드리블

1) 러닝 드리블

러닝 드리블의 기본자세는 제자리 드리블과 같으며 달리면서 드리블을 하기 때문에 공을 한 발짝씩 앞으로 튀겨야 한다. 상체를 조금 낮추고 시선은 공만 보는 것이 아니라 앞을 보면서 거리를 조절하는 감각을 익힌다.

연습방법 빠른 속도로 연습하기 위해 짝을 지어 반환점을 돌아오면서 실시한다. 한쪽 손으로 연습하다가 익숙해지면 오른손, 왼손 번갈아 가면서 한다.

❶ 드리블 준비

❷ 달리면서 드리블

❸ 반환점 돌아오기

❹ 다음 사람에게 공 주기

2) 지그재그 드리블

지그재그 드리블은 달리면서 방향전환을 하면서 드리블을 하기 때문에 공을 좌, 우로 한 발짝씩 앞으로 튀겨야 한다. 상체를 조금 낮추고 시선은 공만 보는 것이 아니라 앞을 보면서 거리를 조절하는 감각을 익힌다.

연습방법 원으로 대형을 만든다. 1명이 한쪽으로 사람을 중심으로 지그재그로 드리블을 한다. 그 다음 사람이 차례대로 지그재그로 방향을 전환하여 드리블을 한다. 완료한 사람은 제자리에 그대로 서 있는다. 반대방향으로 똑같이 한다.

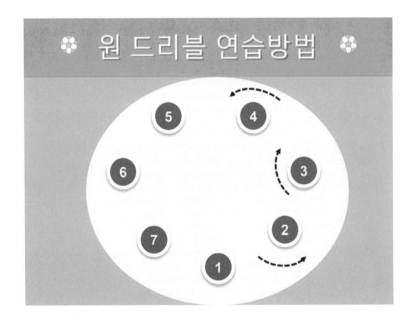

2. 패스

1) 점프패스

점프 패스는 공중으로 점프하여 공을 던지는 패스로 슈팅동작과 유사하다. 경기를 할 때 빠르게 더 멀리 패스를 하기 위해서 사용되며 3스텝을 밟고 점프를 해서 패스를 한다.

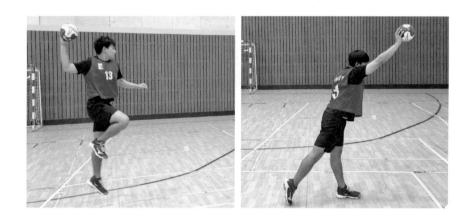

연습방법 조금 익숙해지면 두 대형으로 서서 1번이 2번에서 뛰는 사람에게 패스를 하고 2번이 공을 받으면 1번 다음으로 뛰는 사람에게 점프패스를 하면서 반복하여 실시한다. 점프패스를 하고 다시 제자리로 돌아간다.

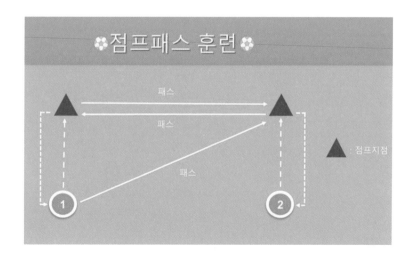

2) 2인런닝패스

두 명씩 짝을 지어 한 개의 공으로 뛰면서 패스를 한다.

연습방법 처음에서 가까운 거리에서 연습하고 익숙해지면 조금씩 간격을 더 멀리해서 실시한다.

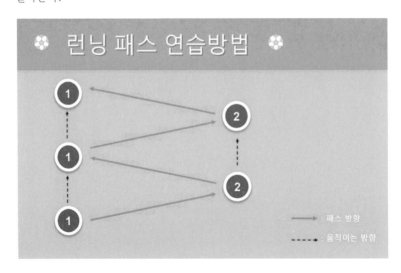

3) 3인런닝패스

세 명씩 짝을 지어 한 개의 공으로 뛰면서 패스를 한다.

❶ 바로 옆 사람에게 공을 던진다

❷ 공을 받아서 옆 사람에게 공을 던진다

연습방법 처음은 가까운 거리에서 연습하고 익숙해지면 조금씩 간격을 더 멀리해서 실
시한다.

4) 크로스러닝 패스

세 명씩 짝을 지어 한 개의 공으로 뛰면서 패스를 한다. 가운데에서 먼저 공을 잡고 시작하며 패스를 준 사람 뒤로 크로스를 하며 들어간다. 다음 공을 받은 사람도 패스를 준 사람 뒤로 크로스를 하며 들어가서 반복해서 실시한다.

❶ 가운데 사람이 옆 사람에게 공을 던진다

❷ 공을 던지고 받는 사람 뒤로 돌아간다

❸ 공 받은 사람이 옆 사람에게 공을 던진다

❹ 공을 던지고 받는 사람 뒤로 돌아간다

연습방법 처음은 가까운 거리에서 연습하고 익숙해지면 조금씩 간격을 더 멀리해서 실시한다.

3. 캐치

1) 한 손 캐치

핸드볼에서는 한 손 캐치를 하면 실수를 하기 때문에 두 손으로 캐치를 하는 것이 바람직하다. 하지만 부득이하게 수비를 따돌리거나 몸에서 멀리 올 때는 한 손 캐치를 한다.

연습방법 한 사람이 공을 가볍게 주면 받는 사람은 한 손바닥이 하늘을 보게 하여 공을 잡는다. 왼손, 오른손 번갈아 가면서 실시한다.

2) 런닝 캐치

런닝 캐치는 공이 날아오는 방향을 보고 스스로 달리는 속도를 조절하여 공을 향해 팔을 뻗은 다음 움직이는 상태에서 공을 잡은 후에 가슴으로 안전하게 가져온다.

연습방법 − 가까운 거리에서 실시한다.

− 익숙해지면 먼 거리에서 실시한다.

− 빠르게 뛰면서 연습한다.

4. 슛팅

핸드볼의 최종 목표는 골대에 골을 넣어 점수를 얻는 것이기 때문에 핸드볼 경기에서 가장 중요한 요소이다. 수비수와 골키퍼의 방어를 피하기 위해 다양한 기술을 구사한 후에 스텝의 위치, 공을 놓는 타이밍, 공의 구질과 속도, 정확성 등을 고려해서 정확하고 빠르게 성공시켜야 한다. 강한 슛은 한 순간에 온몸의 근력과 민첩성, 순발력을 동원하고 마지막에 어깨와 손목 스냅의 힘을 사용하여 실시한다. 슛은 다양한 슛이 있는데 기본적인 스텝 슛과 점프 슛이 일반적이라 할 수 있다.

1) 스텝 슛

스텝 슛은 점프를 하지 않고 패스와 비슷한 동작으로 슈팅을 하며 점프 슛보다 빠르고 정확하게 스텝을 밟으면서 발이 바닥에 닿은 상태에서 슛을 실시한다. 공을 잡을 때는 왼발을 앞으로 하여 잡고 두 번째 스텝은 오른발로 밟으며 슛을 던지기 위해 팔 스윙을 시작하고 다시 세 번째 스텝은 왼발로 밟으면서 팔을 몸 뒤로 최대한 젖히면서 손목의 스냅을 이용하여 공을 세게 던진다.

연습방법

−1단계: 먼저 9m라인 밖에서 3스텝을 밟으면서 익숙해질 수 있도록 연습한다.

−2단계: 스텝에 익숙해진 후에는 3스텝을 강하고 힘차게 밟고 슛을 연습한다.

−3단계: 골키퍼를 놓고 수비나 장애물을 설치하여 슛을 연습한다.

2) 점프 슛

점프 슛은 핸드볼에서 가장 일반적인 슈팅으로 스텝을 밟고 마지막 스텝에서 점프를 하여 골을 넣는 동작이다. 점프 슛은 어깨와 손목스냅의 힘, 공중에 오랫동안 떠 있는 점프능력을 가지고 공을 골대로 던지는 것이다. 오른손잡이의 경우는 왼발-오른발-왼발(투스텝일 때는 오른발-왼발)에 점프를 하고 왼손잡이의 경우는 오른발-왼발-오른발로 3스텝이 넘지 않게 스텝을 밟는다.

연습방법 부분 동작을 반복 연습한다.

포지션에 따라 슛을 연습한다.

3) 윙슛

윙슛은 레프트 윙에서 오른손잡이, 라이트 윙에서 왼손잡이로 슛을 하는 동작이다. 슛의 방법은 점프 슛과 비슷하지만 골대의 각도가 좁기 때문에 각도를 넓히기 위해서 점프를 높이 뛰는 것이 아니라 멀리 뛰면서 슛을 한다.

■ 헤드슛

헤드 슛은 팀에서 왼손을 사용하는 선수가 많지 않은 경우 라이트 윙 자리에서 오른손잡이가 슛을 하는 것을 의미한다. 슛의 방법은 윙슛과 비슷하지만 허리를 왼쪽으로 굽혀서 슛하는 손의 반대쪽으로 최대한 멀리 점프를 하여 골대의 각도를 넓혀주면서 슛을 한다.

연습방법 부분 동작을 반복 연습한다.

허리 왼쪽으로 구부리는 연습을 한다.

4) 로빙슛

로빙슛은 골키퍼가 골대의 각도를 좁히기 위해서 앞으로 많이 나왔을 때 골키퍼 머리 위로 포물선을 그리듯 띄워서 슛을 하는 것이다. 다른 용어로 아리랑 슛이라고도 하고 노 마크 찬스나 윙 포지션에서 많이 사용되며 타이밍이나 공의 속도를 조절하지 못하면 실패할 확률이 크다.

연습방법 골키퍼 없이 골대에 목표를 정하고 로빙슛 동작을 반복 연습한다.
다양한 포지션에서 연습을 한다.

5. 공격기술

페인트 기술은 경기를 할 때 공격수가 스스로 수비수를 따돌리면서 공격을 하여 득점할 수 있는 기회를 만들거나 자기팀의 공격수에게 좋은 기회를 확보해 줌으로써 득점과 연결될 수 있도록 하는 기술이다. 이 동작은 수비수의 움직임을 보고 방향을 전환하거나 타이밍을 조절하기 때문에 노련한 민첩성과 유연성, 빠른 판단력이 동반된다.

1) 스플릿 페인트

달려가다가 공중에서 공을 받고 두 발을 좌우로 동시에 넓히고 양발이 동시에 착지한 다음 한 스텝 정도 왼쪽 오른쪽 방향을 정해서 수비수가 움직일 수 있도록 유도하고 빈 공간으로 들어가는 동작이다.

연습방법 전후 스플릿 스텝(모둠)-앞쪽으로 스플릿 스텝을 한 후 두 발을 점프해서 동시에 다시 뒤쪽으로 내딛는 스텝 훈련

2) 인 페인트

인 페인트는 왼발에 무게중심을 주어 바닥을 밀어내면서 다시 왼발을 오른 쪽대각선 방향으로 이동시켜 바로 슈팅이나 패스로 연결한다.

연습방법 전후 스플릿 스텝(한발)−앞쪽으로 스플릿 스텝을 한 후 한 발을 번갈아 가면 서 점프해서 다시 뒤쪽으로 내딛는 스텝 훈련

3) 아웃 페인트

아웃 페인트는 오른발에 무게중심을 주어 바닥을 밀어내면서 다시 오른발을
왼쪽 대각선 방향으로 이동시켜 바로 슈팅이나 패스로 연결한다.

연습방법 좌우 연속 노스텝-노스텝으로 착지한 후 한쪽 방향에 중심을 두고 연속적으
로 사이드 스텝을 반복하여 방향전환을 시키는 훈련

4) 턴 페인트

공을 받아 수비수의 등을 지고 몸통을 돌려 속이는 동작으로 왼쪽, 오른쪽
모두 가능하나 오버스텝을 조심해야 한다. 이 동작은 수비수를 등지고 있는
피봇 포지션이 많이 사용한다.

연습방법 앞뒤 터닝스텝-제자리에서 점프하여 몸을 180도 회전하여 방향전환을 한다.
방향전환을 할 때 발 안쪽과 무릎의 반동을 이용하여 몸통을 돌려주며 왼쪽
방향, 오른쪽 방향 모두 실시한다.

6. 수비전술

수비자는 공격자의 움직임을 보고 가는 길을 빠르게 차단하면서 공격 진로를 방어한다.

1) 전진 수비 익히기

수비자는 사이드 스텝을 이용하여 들어오는 공격자를 밀어내면서 앞으로 전진한다. 수비자는 자세를 낮추어 공격자를 압박하면서 가슴으로 밀어낸다.

연습방법 - 두 사람씩 짝을 지어 1:1로 한 사람은 수비 한 사람은 공격을 하면서 연습한다.
- 조금 익숙해지면 빠른 템포로 압박하는 방법을 익힌다.

- **주의사항**
  - 손을 사용하지 않도록 한다.
  - 발이 엉키지 않도록 주의한다.

2) 좌, 우 수비 익히기

수비자는 중앙에 자세를 낮추어 수비 태세를 갖추고 있다가 공격자가 들어오면서 좌, 우로 움직이는 것을 보고 미리 두 발이 공격자의 앞을 막는다.

연습방법 – 두 사람씩 짝을 지어 1:1로 한 사람은 수비, 한 사람은 공격을 하면서 연습한다.

– 조금 익숙해지면 수비자와 공격자를 나누어 대열을 만들어 수비를 한 번 하고 그 다음 공격을 하며 루틴을 만들어 반복 연습한다.

■ 주의사항
 – 손을 사용하지 않도록 한다.
 – 발이 엉키지 않도록 주의한다.
 – 순서를 지킬 수 있도록 강조한다.

3) 크로스 수비 익히기

수비자는 중앙에 자세를 낮추어 수비 태세를 갖추고 있다가 공격자가 들어오면 발을 크로스해서 가슴으로 막고 공격자가 계속해서 들어오면 움직이는 것을 보고 공격자의 앞을 막는다.

연습방법 – 두 사람씩 짝을 지어 1:1로 한 사람은 수비 한 사람은 공격을 하면서 연습한다.

– 조금 익숙해지면 중앙에 수비자 대열과 양쪽 백포지션에 공격자를 나누어 대열을 만들어 수비를 한 번 하고 그 다음 오른쪽 백포지션, 그 다음 왼쪽 백포지션으로 루틴을 만들어 반복 연습한다.

■ 주의사항
– 손을 사용하지 않도록 한다.
– 발이 엉키지 않도록 주의한다.
– 순서를 지킬 수 있도록 강조한다.

7. 통합활동

1) 릴레이 지그재그 드리블 게임

두 편으로 나누어 릴레이 형식으로 지그재그 드리블을 하여 마지막에 서서 끝에 있는 선수에게 패스한다. 패스할 때는 가운데 있는 선수들은 제자리에 앉는다. 그 다음 선수는 다시 지그재그 하면서 같은 방식으로 마지막에 먼저 패스한 팀이 이기는 게임

연습방법 - 선수들이 복합적으로 드리블을 하고 패스를 함께 할 수 있도록 지도한다.
- 공이 밖으로 튕겨 나가면 다시 나간 자리에서 시작할 수 있도록 한다.
- 다음 사람과 교대할 때 자신의 순서를 인지할 수 있도록 지도한다.

■ 주의사항
상대팀의 구역으로 나가거나 상대팀에게 패스하지 않도록 주의한다.

2) 4각 런닝 패스 게임

사각형 대형으로 1번에 있는 사람이 2번에서 3번으로 뛰는 사람에게 패스를 하고 패스한 사람은 항상 한 칸씩 자리를 이동한다. 2번 자리에서 뛰면서 받았던 사람은 3번에서 4번으로 뛰는 사람에게 패스하고 공을 받아 사람은 4번에서 다시 1번으로 뛰는 사람에게 패스하면서 로테이션한다. 패스를 하면 반드시 다음 순서 1번-2번-3번-4번으로 이동한다.

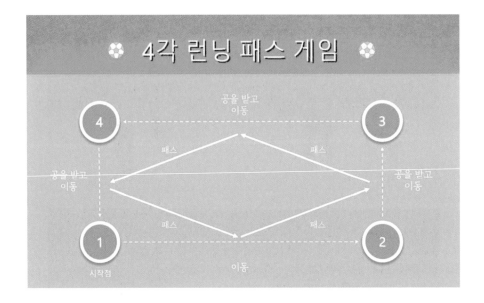

연습방법 패스할 때 뛰는 사람의 방향을 고려하여 한 발짝 앞으로 공을 던질 수 있도록 지도한다.

패스를 하는지 뛰면서 공을 받는지 자신의 순서를 인지할 수 있도록 지도한다.

■ 주의사항
순차적으로 패스, 이동할 수 있도록 주의한다.

3) 공격과 수비 골대 변형 게임

두 팀으로 나누어 핸드볼의 규칙을 그대로 하고 골대만 플로어볼 골대로 교체하여 골키퍼 없이 경기를 한다. 골을 많이 넣은 팀이 승리를 한다.

연습방법 선수의 수준에 따라 작은 공으로 공의 크기를 바꿀 수 있다.

3스텝, 3초, 드리블 등이 잘 지켜지지 않으면 규칙을 변경하여 4스텝, 4초, 더블 드리블까지 허용하여 경기를 한다.

자신이 맡은 포지션에 대한 공격, 수비를 각인시켜 준다.

3대3, 4대4 등 인원수를 변형하여 경기를 할 수 있다.

■ 주의사항

부상선수가 없도록 안전에 주의한다.

Competition Model
(경쟁모델)

1. 드리블

1) 제자리 두 공 양손 드리블

드리블의 기본자세는 제자리 드리블과 같으며 두 손에 모두 공을 가지고 두 손을 함께 공을 튀긴다. 익숙해지면 번갈아가면서 오른손으로 튀기고 왼손으로 튀기면서 반복한다.

연습방법 짝을 지어 누가 더 오래하는지 제자리에서 연습한다. 처음에는 양손 함께 튀기는 게임을 하고 두 번째는 양손 번갈아가면서 튀기는 게임을 한다.

2) 두 공 함께 런닝 드리블

러닝 드리블의 기본자세는 두 손을 동시에 공을 잡고 상체를 조금 낮추고 시선은 앞을 본다. 달리면서 드리블을 하기 때문에 공을 한 발짝씩 앞으로 튀겨야 한다. 두 공을 원활하게 조절하기 위해 손의 힘을 똑같이 맞춘다.

연습방법 처음에는 느린 속도로 달리면서 반환점을 돌아온다. 그 다음 익숙해지면 조금 빠른 속도로 달리면서 실시한다.

3) 두 공 번갈아서 런닝 드리블

런닝 드리블의 기본자세는 두 손을 동시에 공을 잡고 상체를 조금 낮추고 시선은 앞을 보는 것이다. 달리면서 드리블을 양손 번갈아가면서 하기 때문에 한 손씩 공을 한 발짝씩 앞으로 튀겨야 한다. 두 공을 원활하게 드리블하기 위해 리듬을 타면서 손의 힘을 조절한다.

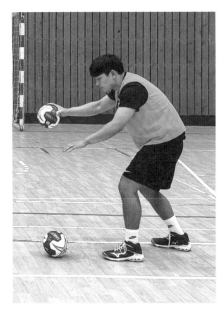 

연습방법 처음에는 느린 속도로 달리면서 반환점을 돌아온다. 그 다음 익숙해지면 조금 빠른 속도로 달리면서 실시한다.

2. 패스

1) 2대1런닝 패스

3명씩 팀을 이루어 수비자 1명을 놓고 공격자 2명이 러닝을 하면서 패스를 한다. 공격자 2명은 수비자를 따돌리거나 넓게 움직이면서 공을 잡을 수 있게 공간을 만들어 패스한다.

연습방법 처음에는 공간을 작게 사용하여 2명은 공격자가 되고 가운데에 1명의 수비자를 두어 공을 주고받는 연습을 실시한다. 익숙해지면 공간을 넓게 반 코드 내지는 한 코드를 사용하여 조금 빠른 속도로 달리면서 실시한다.

2) 3대2런닝 패스

5명씩 팀을 이루어 수비자 2명을 놓고 공격자 3명이 러닝을 하면서 패스를 한다. 공격자 3명은 수비자를 따돌리거나 넓게 움직이면서 공을 잡을 수 있게 공간을 만들어 패스한다.

연습방법 처음에는 공간을 작게 사용하여 3명은 공격자가 되고 가운데에 2명의 수비자를 두어 공을 주고받는 연습을 실시한다. 익숙해지면 공간을 넓게 반 코드 내지는 한 코드를 사용하여 조금 빠른 속도로 달리면서 실시한다.

3) 4대3 크로스런닝 패스

7명씩 팀을 이루어 수비자 3명을 놓고 공격자 4명이 러닝을 하면서 크로스 패스를 한다. 공격자 4명은 수비자를 따돌리거나 넓게 움직이면서 공을 잡을 수 있게 공간을 만들어 패스한다.

연습방법 처음에는 공간을 작게 사용하여 4명은 공격자가 되고 가운데에 3명의 수비자를 두어 공을 주고받는 연습을 실시한다. 익숙해지면 공간을 넓게 반 코드 내지는 한 코드를 사용하여 조금 빠른 속도로 달리면서 실시한다.

4) 런닝 롱 패스

1명은 코트의 바깥쪽으로 달리고 1명은 골키퍼 자리에서 공을 던져 달리고 있는 사람이 공을 받을 수 있게 한다. 반대쪽 골대에서도 똑같이 실시한다.

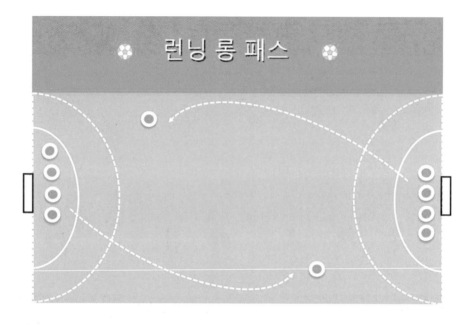

연습방법 골키퍼 라인 안에서 줄을 서서 한 사람이 먼저 뛰면 그 다음 사람이 공을 던져 주고 공을 던진 사람은 그 다음에 뛰면서 공을 받고 차례대로 반복한다. 조금 익숙해지면 똑같은 방법으로 공을 받은 사람이 수비를 해 준다.

3. 캐치

캐치는 핸드볼에서 가장 기초적이면서 중요한 기술로 공이 정확하게 오지만 패스가 익숙하지 않거나 경기 시에는 어느 방향으로 올지 알 수가 없다. 이에 대한 캐치 연습도 충분히 하여야 효율적인 경기운영을 할 수 있다.

1) 무작위 방향 캐치

지도자가 주고 싶은 방향으로 공을 던져주면 받는 사람은 공을 보고 움직이면서 공을 받는다. 방향은 멀리, 좌, 우, 아래, 위로 다양하게 공을 던지면서 받는 사람이 많이 움직여야 한다.

연습방법 – 처음에는 지도자가 선수 한 명씩 공을 던져주면서 연습한다.
- 익숙해지면 두 명씩 짝을 지어 한 사람은 공을 던지고 한 사람은 공을 받는 연습을 한다.
- 일정 시간을 연습하고 다시 역할을 바꾸어 실시한다.

2) 서서, 앉아서 캐치

지도자가 공을 던져주면 공을 받는 선수는 한 번은 서서 받고 한 번은 앉아서 받는다. 자세가 불안정하지만 위쪽 방향의 캐치와 아래쪽 방향의 캐치를 연습할 수 있다.

연습방법 – 처음에는 지도자가 선수 한 명씩 공을 던져주면서 앉았다 공을 잡고 그 다음 서서 공을 잡고 연습한다.

– 익숙해지면 두 명씩 짝을 지어 한 사람은 서서 계속 공을 던지고 한 사람은 앉아서 서서 공을 받는 연습을 한다.

– 일정 시간을 연습하고 다시 역할을 바꾸어 실시한다.

3) 누워서 캐치

한 선수는 무릎을 세우고 바닥에 눕고 한 선수는 그 머리 위에 서서 공을 던져주면 누워있는 선수는 그 공을 잡는다.

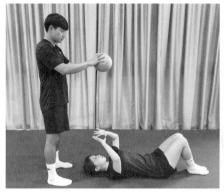 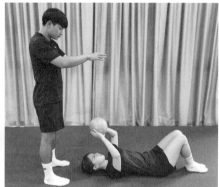

연습방법 - 누워서 공을 받는 선수는 공을 계속 주시할 수 있도록 연습한다.
- 위험 방지를 위해 핸드볼 공이 아닌 가벼운 공이나 소프트 공을 이용하여 연습한다.
- 멀리에서 공을 던지다가 익숙해지면 가까이에서 던지면서 연습한다.

■ 주의사항
 – 받는 선수의 얼굴에 공이 맞지 않도록 주의한다.

4. 슛

1) 다이빙 슛

다이빙 슛은 점프를 하고 체공시간 동안 최대한 공을 잡은 다음 슛팅을 하고 난 후에 다이빙을 하는 것이다. 이 슛팅은 주로 6M에서 불안정한 자세로 슛팅을 하고 선수가 부상을 방지하기 위해 시도할 수 있다. 이때 골키퍼를 끝까지 보고 움직이는 것이 중요하다.

연습방법 다이빙을 연습할 때 처음에는 바닥이 부드러운 곳에서 슬라이딩 연습을 한다.
바닥이 미끄럽지 않은 곳에서는 구르는 연습을 한다.
머리가 먼저 닿지 않도록 몸을 보호하는 연습을 한다.

2) 속공 슛

속공은 수비가 자리 잡기 전에 빠르게 공격을 전환시켜 골을 성공시키는 공격전술이다. 골을 성공시키기 위해 던지는 사람의 빠른 판단과 공을 받는 사람이 빈 공간으로 빠르게 움직이는 것이 중요하다. 속공은 1인 속공과 2인 속공, 단체 속공 등이 있으며 몇몇 기본적인 속공의 원리와 전술을 알면 성공적인 공격을 실행할 수 있다.

연습방법 – 1인 속공 연습 : 골키퍼는 공을 잡고 속공을 받기 위해 빠르게 달리는 선수를 보고 공을 던지며 선수는 공을 받고 반대쪽 골대에 슛팅을 한다.

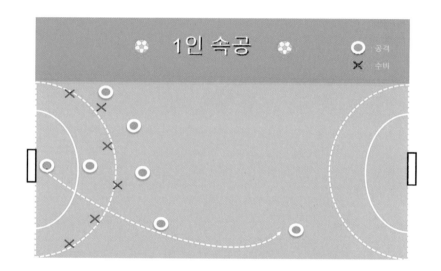

- 2인 속공 연습 : 골키퍼는 공을 잡고 빠르게 한쪽 사이드로 달리는 선수에게 패스를 하고 다시 반대쪽으로 뛰는 선수에게 패스하여 골대에 슛팅을 한다. 이때에는 드리블을 하지 않고 패스를 빠르게 하는 것이 중요하다.

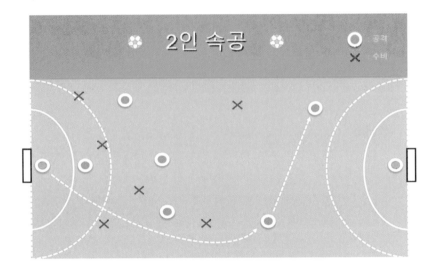

- 단체 속공 연습 : 수비 대형으로 있다가 상대팀의 수비수 간의 공간을 넓힐 수 있도록 하여 움직이는 연습을 한다.

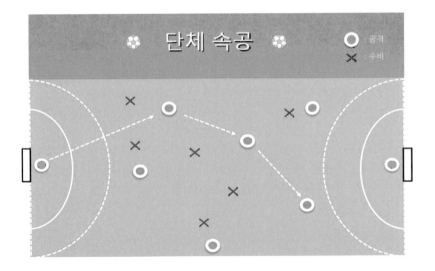

3) 스카이 슛

스카이 슛팅은 플레이어가 슛팅하기 위해 점프를 한 후 자기 팀의 다른 공격수가 준비를 하고 있다가 6M에어리어 안쪽으로 점프를 떠서 공을 받아 슛을 하는 동작이다. 이 동작은 골키퍼가 공을 막기 위해 각을 잡고 있다가 짧은 순간에 다른 방향으로 이동해야 하기 때문에 골의 성공률이 높을 수 있지만 타이밍이 맞지 않으면 실패할 확률도 높다.

연습방법 - 처음에는 부분연습으로 윙 포지션에서 슛을 하는 것처럼 하고 패스하는 연습을 한다.
- 그 다음은 한 명이 가까운 거리에서 공을 패스하여 6M에어리어 안쪽에서 공을 잡고 슛을 할 수 있도록 연습한다.
- 두 명씩 짝을 지어 한 사람은 점프 패스, 한 사람은 공을 받아 슈팅을 한다.
- 일정 시간을 연습하고 다시 역할을 바꾸어 실시한다.

4) 7m드로우슛

핸드볼 경기에서 숏팅을 할 때 반칙을 하거나 파울을 하는 경우 페널티 드로우가 주어진다. 페널티 드로우는 7M에서 수비수가 없이 골키퍼와 1:1로 슈팅을 하여 득점을 얻는 기회를 말한다. 슛의 성공률을 높이기 위해서는 페이크 모션을 취할 수 있는데 1~2회 정도하다 골키퍼의 움직임을 보고 타이밍을 조절하여 숏팅한다.

연습방법 – 골키퍼가 골대라인 가까이에 있을 때

골키퍼가 골대라인 가까이에서 방어 자세를 하면 골대의 외곽지대로 숏팅을 해야 성공률이 높다.

– 골키퍼가 많이 나와 있을 때

　골키퍼가 앞으로 많이 나와 있을 때는 슛터의 시선에서 골대의 공간이 좁아
지기 때문에 로빙슛을 하거나 골키퍼 몸 가까이의 빈 공간으로 슈팅을 해야
성공률이 높다.

– 골키퍼가 한쪽을 비워 둘 때

　골키퍼가 한쪽을 비워 두고 공간이 넓은 쪽을 막는 경우가 있으나 골키퍼가
페이크를 쓰는 것이므로 주의해야 한다.

5. 공격기술

1) 1대1 페인트

핸드볼 경기에서 1대1 페인트를 잘하는 것은 가장 기본적이면서도 개인의 실력을 보여줄 수 있는 방법으로 공격의 방향을 예측할 수 없게 유도하여 한 명의 공격자가 1명의 수비수를 따돌리면서 빠르게 슈팅할 수 있게 한다.

연습방법 둘이 짝을 지어 한 사람은 공격자, 한 사람은 수비자가 되어 수비자가 공격자에게 공을 주면 다양한 페인트를 하여 수비자를 속여 슛이나 패스로 연결하게 한다.

－ 인페인트

– 아웃페인트

– 스윙페인트

2) 2대2 페인트

핸드볼 경기에서 2대2 페인트는 두 명의 공격자가 두 명의 수비수를 따돌리는 기술로 패스와 움직임을 잘 이용해서 한 공격자가 돌파를 하여 2명의 수비수를 다른 공격자에게 찬스를 만들어 줄 수 있도록 유도하여 한 명의 공격자가 1명의 수비수를 따돌리면서 빠르게 슛팅할 수 있게 한다.

연습방법 둘이 짝을 지어 한 사람은 공격자, 한 사람은 수비자가 되어 수비자가 공격자에게 공을 주면 페인트를 하여 수비자를 속여 슛이나 패스로 연결하게 한다.

– 백포지션 인페이트 할 때

– 백포지션 크로스 페인트 할 때

6. 수비기술

핸드볼 경기에서 승리를 하기 위해서는 공격도 잘해야 되지만 수비에서 골을 허용하지 않고 자기 팀이 다시 공격할 수 있도록 하는 것이 중요하다. 상대팀 공격의 흐름을 끊었을 경우, 상대팀의 공을 인터셉트를 한 경우, 상대팀의 공격이 지연되어 패시브(passive)판정이 난 경우, 공격자의 슛을 골키퍼가 막기 쉬운 슛으로 유도하는 경우, 상대팀의 다양한 실수를 유도하는 경우 등이 성공적인 수비라고 할 수 있다.

이를 위해 상대팀의 장점과 단점을 파악하고 상황과 조건을 분석하여 수비 대형을 결정하는 것이 중요하다.

1) 1-5수비대형

핸드볼 수비에서 1-5 수비라인은 빠른 스텝으로 방어 지역 9M에서 6M 사이까지 진입하는 것을 방어하기 때문에 많은 체력 소모가 있다. 중앙쪽의 슛을 차단하고 첫 번째 공격자를 방어하는 데 목적이 있다.

• 장점

　– 신장은 작으나 빠른 움직임을 가지고 있으면 유리하다.

　– 방어에 성공하면 속공으로 빠르게 전환 가능하다.

　– 스위치 수비법을 잘하면 유리하다.

　– 수적으로 유리한 상황에서 적합하다.

- 수비에 적합한 공격팀 유형

  – 피봇 플레이가 잘 안 되는 팀

  – 센터나 백에서 페인트가 잘 안 되는 팀

  – 핵심 공격자 1명만 있는 팀

2) 2-4수비대형

핸드볼 수비에서 2-4 수비라인은 빠른 스텝으로 방어 지역 9M에서 6M 사이까지 진입하는 것을 방어하기 때문에 많은 체력 소모가 있다. 또한 피벗 플레이어 공간이 넓기 때문에 센터나 백 포지션에서 피벗과 세트 플레이가 일어나지 않도록 주의한다.

- 장점

  – 1대1 수비가 강한 팀이 유리하다.

  – 키가 작은 팀이 유리하다.

- 수비에 적합한 공격팀 유형

  – 중거리 슛이 강한 팀

  – 백 포지션의 역할이 두드러지는 팀

  – 스피드가 없는 팀

3) 6-0수비대형

핸드볼 수비에서 6-0 수비라인은 자주 사용되어지는데 수비수의 방어 지역은 9M에서 6M까지 방어를 하고 자신이 맡은 지역으로 오는 공격수를 압박하여 방어한다.

• 장점

   – 수비수의 체력소모가 적다.

   – 수비수의 신장이 큰 선수가 많으면 유리하다.

   – 다른 수비자를 도와줄 수 있다.

• 수비에 적합한 공격팀 유형

   – 중거리 슛팅을 못하는 팀

   – 개인기가 없는 팀

   – 스피드가 없는 팀

4) 중거리 슛 블록

핸드볼 경기에서 공격자의 중거리 슛을 막기 위해 수비자가 점프를 떠서 블록을 하여 1차로 공을 막는 동작이다.

연습방법 – 벽에 선을 그어 손이 닿도록 점프 연습을 한다.

– 장애물을 놓고 점프 연습을 한다.

– 수비수는 슛을 하는 공격자와 일정거리를 유지하면서 점프 연습을 한다.

7. 전술

1) 포지션의 이해

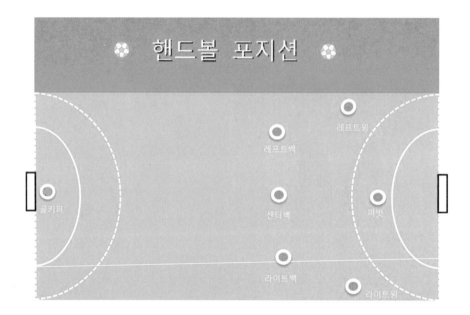

· 골키퍼–골대 앞에서 상대편 공격수의 슛이 들어가지 않게 하고 공을 막고 나서 자기 팀에게 빠르게 패스를 해주어야 한다.

· 레프트/라이트백–주로 슛팅을 전담하는데 센터백에게 공을 받아서 윙이나 피벗과 호흡을 맞추어 찬스를 만들거나 슛팅을 한다.

· 센터백–코트와 중앙에서 전체 공격의 구심점 역할을 하여 전체 공격을 좌우한다. 빠르게 움직이고 양쪽 백 포지션에게 패스를 하거나 찬스를 만들어 주어야 한다.

· 피벗–6M와 9M 안에서 수비수들과 몸싸움을 해서 슛을 성공해야 한다.

· 레프트/라이트윙–몸의 움직임이 빨라야 되며 주로 속공을 하는 데 주력한다.

2) 속공법 전술

상대 팀이 공격을 하다가 골키퍼에게 막히거나 수비에게 공을 빼앗겨 수비 대형이 갖춰지기 전에 빠르게 공격을 하는 것이다.

연습방법 1인 속공: 한쪽 측면으로 한 명의 선수가 빠르게 달려가서 공을 받아서 슛을 한다.

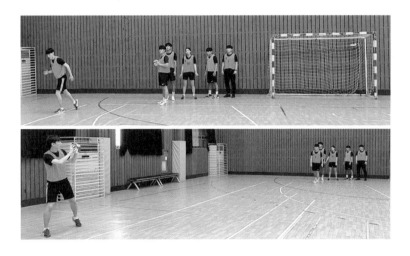

2인 속공: 양쪽 측면으로 두 명의 선수가 빠르게 달려가서 패스를 하거나 슛을 한다.

3) 지공법 전술

상대팀이 수비를 갖춘 다음 공격을 하기 때문에 빠른 공격은 어려우며 다양한 공격 전술로 상대팀을 유인해서 공격한다.

<u>연습방법</u> 포지션 부분전술이 필요하며 다양한 훈련을 해야 경기에 응용할 수 있는 능력이 길러진다.

〈센터 백 플레이 전술〉

– 센터 백이 안쪽이나 바깥쪽으로 돌파하면서 라이트 백이 외곽으로 움직이면서 패스할 수 있다. 또한 윙이나 피봇에게 패스하여 슈팅과 연결할 수 있다. 레프트백도 똑같이 연습할 수 있다.

〈포스트 플레이 전술〉

– 중앙에서 페인트를 하여 찬스를 만들어 피벗이나 센터백에게 숏팅을 만들어 준다.

〈스크린 플레이 전술〉

– 상대 수비수를 몸으로 막아 자기팀에게 찬스를 만들어주거나 숏팅을 할 수 있도록
  길을 열어 준다.

〈사다리 전술〉

– 한 명의 선수가 페인트를 하여 움직임으로 두 명의 수비가 붙게 하여 차례로 연결

　을 하다가 마지막 공격자는 수비수가 없게 하여 슈팅 기회를 만들어 준다.

8. 통합활동

1) 간이게임

간이게임은 정식 경기를 위한 준비단계이다. 2대2 게임, 3대3 게임, 4대4 게임 등 인원수와 시간을 정해서 경기를 한다.

- 경기방법
  - 공격 구간을 정해 준다.
  - 포지션을 나누어 간이게임을 한다.
  - 정식 핸드볼 경기 규칙을 모두 적용한다.
  - 반칙을 하거나 공을 못 넣으면 상대방 팀으로 공격권이 넘어간다.

〈2대2 게임〉

2대2 게임은 인원수가 적어 경기장을 삼각콘으로 제한하여 실시한다.

다양한 전술을 활용하여 공격을 한다.

경기방법 1

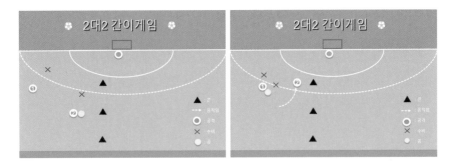

경기방법 2

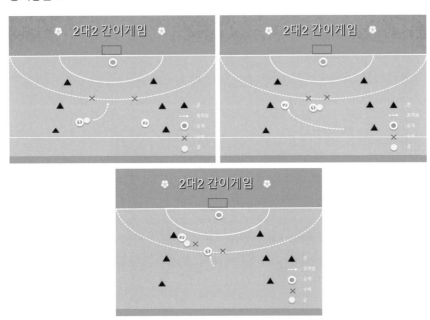

〈3대3 게임〉

– 인원수가 적어 경기장을 삼각콘으로 제한하여 실시한다.

– 백, 윙, 피벗 포지션이나, 양쪽 백, 센터백, 피벗 포지션 등 포지션을 나누어 게임을
  실시한다.

경기방법 1

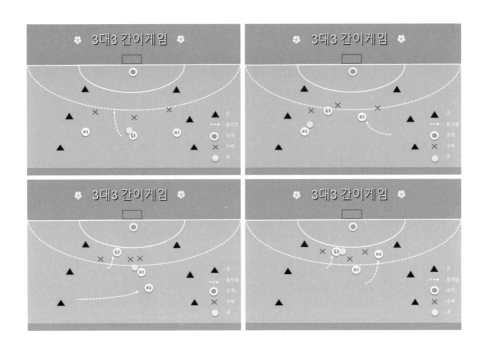

〈4대4 게임〉

– 반코트나 한코트를 정해서 경기를 실시한다.

– 포지션을 나누어 게임을 실시한다.

반코트

한코트

2) 7M드로우 게임

페널티 드로우(penalty throw)는 핸드볼 경기 중에 수비수가 심한 반칙을 한 경우에 공격자에게 골라인 밖의 페널티 지점에서 숏팅의 기회를 주는 것이다. 두 팀으로 나누어 7M에게 패널티킥드로우를 한 선수씩 던지면서 경쟁을 한다. 골이 많이 들어간 팀이 승리한다.

• 경기방법

– 레프리의 휘슬 후 3초 이내에 골을 향해 숏을 던져야 한다.

– 7m드로를 하는 선수는 7m라인 뒤쪽 1m 이내에 위치해야 한다. 레프리의 휘슬 신호 후에 드로어는 볼이 손에서 떠나기 전에 7m라인을 밟거나 넘어서는 안 된다.

– 7m드로를 하는 선수의 손에서 볼이 떠나기 전에 공격팀 선수는 프리드로 라인 밖에 있어야 한다. 이를 지키지 않을 경우 상대팀에 프리드로가 주어진다.

– 7m드로가 시행되는 동안 공격팀 선수와 상대팀 선수들은 프리드로라인 바깥쪽에 있어야 한다.

– 7m드로를 하는 선수의 손에서 볼이 떠나기 전에 골키퍼가 제한라인(4m라인)을 넘는 경우 득점이 되지 않았다면 7m드로를 다시 시행하지만 골키퍼에 대한 개인 처벌은 없다.

– 7m드로를 하는 선수가 손에 볼을 가진 채 올바른 위치에서 7m드로를 시행할 준비가 되었을 때는 골키퍼를 교체할 수 없다.

PART 6

스페셜올림픽 소개

스페셜올림픽의 시작

스페셜올림픽에 관한 내용은 ㈜스페셜올림픽코리아에서 제공한 자료로 작성되었음을 밝힌다. 스페셜올림픽은 Eunice Kennedy Shriver(故 케네디 美 대통령의 누이동생) 여사가 1963년 미국 메릴랜드에서 발달장애인들을 위한 일일캠프를 개최한 것이 계기가 되었다. 이후 많은 전문가들이 생각하는 수준 이상으로 발달장애인들이 스포츠와 신체 활동 분야에서 뛰어난 자질을 보유하고 있음을 알게 되었다. 1968년 케네디 주니어 재단의 후원으로 미국 시카고 솔져필드에서 제1회 스페셜올림픽 세계대회를 개최함으로써 스페셜올림픽 운동이 정식으로 시작되었다.

제1회 스페셜올림픽 세계대회(미국 시카고 솔져필드)

국제올림픽위원회(IOC, International Olympic Committee)는 스페셜올림픽(SOI, Special Olympics International)과의 협약을 통해 스페셜올림픽을 IOC의 가치를 실현하는 발달장애인 세계 경기대회 및 사회적 운동으로 인정을 하였다. 스페셜올림픽은 올림픽, 패럴림픽과 더불어 '올림픽'이라는 명칭을 공식적으로 사용할 수 있는 단체이다.

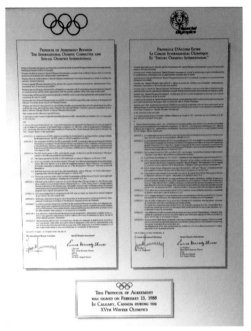

국제올림픽위원회(IOC, International Olympic Committee)와 스페셜올림픽 (SOI, Special Olympics International) 협약서

스페셜올림픽의 사명

스페셜올림픽은 발달장애를 가진 아동과 성인을 위해 연중 스포츠 훈련과 올림픽 형태의 다양한 경기를 개최함으로써 그들에게 신체적인 능력을 키우고, 용기를 발휘하며, 기쁨을 누릴 뿐 아니라 가족, 스페셜 선수, 커뮤니티와의 교류할 수 있는 기회를 제공한다.

스페셜올림픽의 사업

스페셜올림픽은 변화를 만들어내는 힘과 스포츠의 즐거움을 통해 매일 전세계 사람들의 정신을 고양시키는 글로벌 운동이다. 스포츠, 건강, 교육, 커뮤니티 형성 프로그램을 통해 발달 장애인이 직면하는 무기력, 낙인, 고립, 부조리함에 대처하고 있으며, 발달 장애인의 완전한 사회 참여를 가능하게 하고 변화를 이끌어 내는 것이 주요 과업이다.

스페셜올림픽코리아

한국은 ㈜스페셜올림픽코리아가 스페셜올림픽 국내대회를 개최하고 세계대회 출전을 체계적으로 지원하고 있다. 스페셜올림픽코리아는 1978년 한국특수올림픽위원회라는 비영리 단체로 출발해 2015년 대한지적장애인스포츠협회, 사랑나눔위캔과 통합하여 발달장애인 스포츠 대표기관으로 활동하고 있다.

스페셜올림픽코리아는 스페셜올림픽 국제본부(SOI)와 국제지적장애인스포츠연맹(VIRTUS)에 가입된 가맹단체이다. 한국 대표로 국제 대회에 참가할 수 있는 맴버십과 더불어 국내에서 발달장애인을 위한 스포츠 대회를 개최·운영할 권한을 가지고 있다.

스페셜올림픽코리아는 발달장애인들의 체육 문화 활동 지원을 통해 그들이 지닌 재능을 사회에 증명하고 장애에 대한 사회의 인식을 바꾸며 장애인과 비장애인이 차별 없는 통합 사회를 만들어 가고 있다.

스페셜올림픽 종목 현황

현재 세계 스페셜올림픽은 총 36종목이 있다. 하계대회는 28종목이고, 동계대회는 8종목이 있다. 국내 스페셜올림픽은 총 20종목이 있다. 하계대회는 12종목이고, 동계대회는 8종목이 있다.

세계대회(하계) : 28종목

구분	하계 종목
정식종목(하계) 21종목	수영(오픈워터 포함), 골프, 육상, 핸드볼, 농구, 유도, 배드민턴, 체조, 리듬체조, 보체, 역도, 볼링, 롤러스케이팅, 사이클, 세일링, 승마, 소프트볼, 풋볼, 탁구, 테니스, 배구
인정종목(하계) 4종목	크리킷, 카약, 치어리딩, 댄스스포츠
지역종목(하계) 2종목	넷볼, 트라이애슬론
공통(하계) 1종목	MATP

세계대회(동계) : 8종목

구분	하계 종목
정식종목(동계) 7종목	알파인스키, 쇼트트랙 스피드스케이팅, 크로스컨트리스키, 스노보드, 피겨스케이팅, 스노슈잉, 플로어하키
인정종목(동계) 1종목	플로어볼

국내대회(하계) : 12종목

구분	하계 종목
정식종목(하계) 12종목	수영, 골프, 육상, 농구, 배드민턴, 보체, 역도, 롤러스케이팅, 풋볼, 탁구, 배구, 태권도

국내대회(동계) : 8종목

구분	하계 종목
정식종목(동계) 8종목	알파인스키, 쇼트트랙 스피드스케이팅, 크로스컨트리스키, 스노보드, 피겨스케이팅, 스노슈잉, 플로어하키 플로어볼

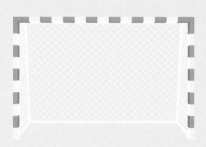

발달장애인 핸드볼은 신체적 제약이 없어 일반 핸드볼과 동일한 핸드볼 규정을 적용한다. 발달장애인 핸드볼 국내대회, 세계대회, 스페셜올림픽 등에서 경기를 치를 때 일반 핸드볼 경기와 같은 규정으로 경기를 진행하고 있다. 국제핸드볼 연맹 경기 규정을 토대로 스페셜올림픽에서 적용되는 경기 규정을 (사)스페셜올림픽코리아에서 번역하여 다음 내용에 소개한다.

PART 7

스페셜올림픽 핸드볼 경기 규정

핸드볼 경기장과 구성원

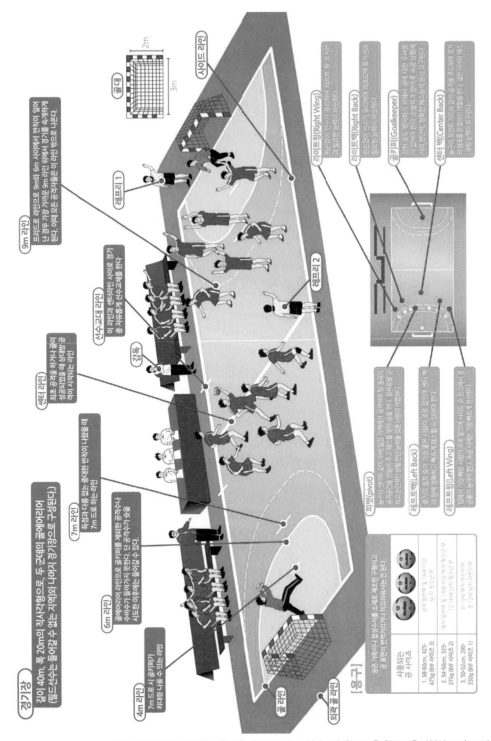

골대 2m, 3m

사이드 라인

라이트 윙(Right Wing) 왼쪽에서 오른쪽으로 이동하는 다이브 윙 포지션이며 활발한 돌파나 슛을 담당한다.

라이트 백(Right Back) 센터백과 라이트백을 포지션이며 활발한 돌파나 슛을 담당한다.

골키퍼(Goalkeeper) 상대팀의 슛을 막는 포지션이며 골대 앞에서 손과 발을 이용해 공을 막는다. 유일하게 슛에 대한 공간을 양보할 수 있다.

센터 백(Center Back) 팀의 공격 포인트 가드로 공격을 주도하는 포지션이며 상대팀의 공격을 조율한다.

9m 라인 프리드로 라인으로 9m와 6m 사이에서 반칙이 일어 난 경우 가장 가까운 9m 라인 위에서 경기를 속개하게 된다. 이때 모든 공격자들은 이 라인 밖으로 나온다.

레프리 1

레프리 2

선수교체 라인 이 라인과 센터라인 사이로 경기 중 자유롭게 선수교체를 한다.

감독 최초 공격을 하거나 골이 성공되었을 때 상대방 공격이 시작되는 라인

센터 라인

7m 라인 득점과 다름 없는 찬스를 제어당했을 때 7m로 패널티를 얻는다.

6m 라인 골에어리어 라인으로 골키퍼를 제외한 공격수나 수비수가 들어가지 못한다. 단 공격수가 슛을 시도한 이후에는 들어갈 수 있다.

4m 라인 7m로 시 골키퍼가 최대한 나올 수 있는 라인

피벗(pivot) 수비라인과 신장해서 경기하는 포지션이며 센터백의 돌파나 패스를 받아 슛을 담당한다.

레프트 백(Left Back) 주로 장신 선수가 담당하며 상대팀의 슛을 막고 공격 시 득점하는 역할을 한다.

레프트 윙(Left Wing) 상대팀 공격 시 수비하고 있으며 빠른 발과 슛으로 상대팀을 괴롭힌다.

경기장 길이 40m, 폭 20m의 직사각형으로, 두 군데의 골에어리어 (필드선수는 들어갈 수 없는 지역)와 나머지 경기장으로 구성된다.

골대 라인

여락 골 라인

[용구]

공은 가죽이나 합성수지로 제조, 제작되어 있으며 표면이 번쩍거리거나 미끄러워서는 안 된다.

사용되는 공의 사이즈		
1. 58~60cm, 425~475g (IHF 사이즈 3)	남녀 일반에 및 16세 이상 남자청소년부	
2. 54~56cm, 325~375g (IHF 사이즈 2)	8세 일반에 및 14세 이상 여자청소년부 12~16세 남자청소년부	
3. 50~52cm, 290~330g (IHF 사이즈 1)	8~14세 여자 어린이부 8~12세 남자 어린이부	

출처 : 꿈의 학교 행복한 서울교육–핸드볼 지도서/지도안, 한국교총 한국교육정책연구소(2012)

핸드볼 규칙

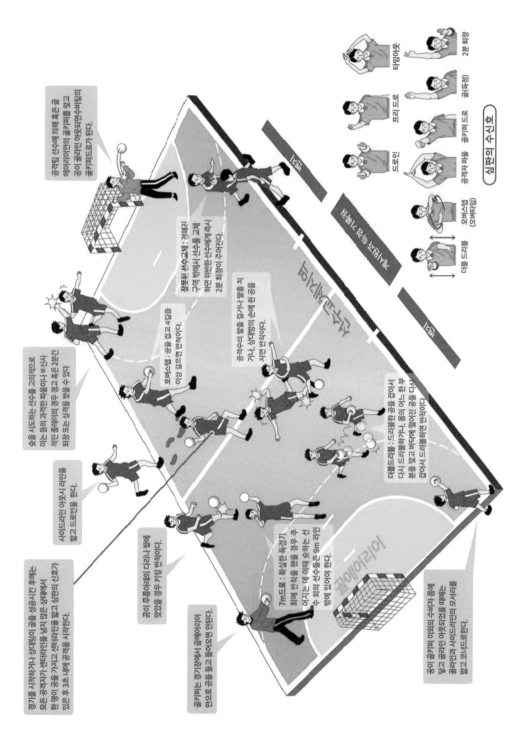

출처 : 꿈의 학교 행복한 서울교육—핸드볼 지도서/지도안, 한국교총 한국교육정책연구소(2012)

스페셜올림픽 핸드볼 규정

1. 소개

1.1. 용어

1.1.1. 단순함을 위해 이 규정집은 일반적으로 여자 및 남자 선수, 관계자, 심판 및 기타 사람들과 관련하여 남성 형태의 단어를 사용한다. 그러나 이 규정은 여자 및 남자 선수 모두에게 동일하게 적용된다.

1.2. 페어플레이

1.2.1. 스페셜올림픽의 핸드볼은 "페어플레이"의 원칙을 기반으로 한다. 모든 결정은 이 원칙에 따라 이루어져야 한다.

1.2.2. 페어플레이는 다음을 의미한다.

1.2.2.1. 선수의 건강, 온전함 및 신체를 존중한다.

1.2.2.2. 경기의 정신과 철학을 존중한다.

1.2.2.3. 경기의 흐름을 존중하되 규정 위반으로 인한 이점을 용납하지 않는다.

2. 기본 규칙

모든 스페셜올림픽 경기는 공식 스페셜올림픽 핸드볼 경기 규칙이 적용된다. 스페셜올림픽은 국제 스포츠 프로그램으로서 국제핸드볼연맹(IHF)의 핸드볼 규정을 근거로 이 규칙들을 수립했다(IHF 규정: www.ihf.org 참조). 공식 스페셜올림픽 핸드볼 규정 또는 아티클1에 저촉하는 경우를 제외하고는 IHF 또는 국가별 스포츠협회(NGB) 규정이 적용된다. 저촉될 경우에는 스페셜올림픽 핸드볼 규정이 우선 적용된다. 현재 버전에서는 경기의 공식 핸드볼 규정이 더 간결한 버전으로 요약 및 편집되었다. 어떤 경우든 규정의 전체 분량 버전은 IHF의 경기 규정집에서 찾을 수 있다.

행동 규범, 훈련 기준, 의료와 안전 필수사항, 디비저닝, 수상, 상위레벨 경기로의 승급 기준, 통합스포츠 관련 더 자세한 정보는 아티클1을 참조할 수 있다.

(http://media.specialolympics.org/resources/sports-essentials/general/Sports-Rules- Article-1.pdf)

3. 정식 종목

다양한 세부 종목은 모든 능력의 선수들에게 경기참가 기회를 제공하기 위함이다. 스페셜올림픽 프로그램은 제공하는 경기들과 필요에 따라 해당 경기들의 운영지침을 결정할 수 있다. 코치는 각 선수의 능력과 흥미에 맞는 적합한 종목을 선택하고, 훈련을 제공할 책임이 있다.

다음과 같은 종목이 스페셜올림픽에서 가능하다.

3.1. 개인 기술 경기

3.2. 팀 경기

3.3. 5-A-사이드 핸드볼

3.4. 통합스포츠 팀 경기

4. 핸드볼 코트 마킹

4.1. 핸드볼 코트 그림(그림 #1)

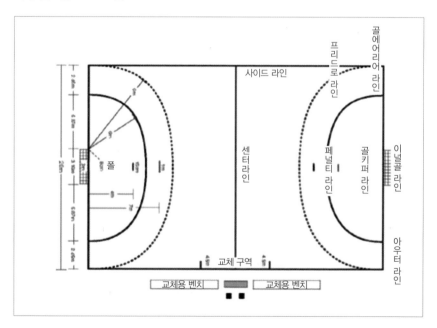

4.2 코트 마킹(그림 #2)

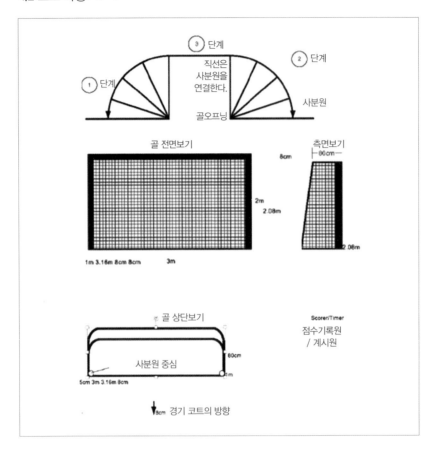

4.3. 설정

4.3.1. 핸드볼 코트를 표시하는 데는 1시간 이상 걸릴 수 있다. 하지만 적절하게 설정할 수 있도록 시간을 충분히 제공해야 한다.

4.3.2. 핸드볼의 모든 코트 라인(그림 #1)은 미터 단위로 표시된다.

4.4. 골 에어리어 라인

4.4.1. 코트에서 가장 주요한 라인은 6m(19ft, 8 1/4in) 라인 또는 골 에어리어 라인 이다.

4.5. 골 에어리어

4.5.1. 6m(19ft, 8 1/4in) 라인으로 둘러싸인 영역을 골 에어리어라고 한다.

4.6. 프리드로 라인

4.6.1. 파선은 9m^(29ft, 6 3/8in) 라인 또는 프리드로 라인이다.

4.7. 페널티 드로 라인

4.7.1. 7m^(22ft, 11 5/8in) 라인은 페널티 드로 라인이다.

4.8. 코트 크기

4.8.1. 공식 핸드볼 코트의 크기는 폭 20m^(65ft, 7 3/8in), 길이 40m^(131ft, 2 3/4in)이다.

4.9. 크기 조정

4.9.1. 코트의 크기를 조정할 수 있다^(예: 규정 농구 코트 크기). 핸드볼 코트 레이아웃
의 경우 너비를 유지하는 것이 더 중요하지만 길이는 경기 자체에 거의
영향을 주지 않기 때문에 짧게 설정할 수도 있다.

4.10. 코트 라인

4.10.1. 모든 코트 라인의 너비는 5cm⁽²ⁱⁿ⁾이며 골 포스트 사이의 너비가 8cm
인 골라인은 제외된다. 모든 라인의 너비는 모든 측정에 포함된다.

4.11. 골

4.11.1. 골의 크기는 폭 3m^(9ft, 10 1/8in), 높이 2m^(6ft, 6 3/4in)이며 포스트는 8cm^(3 1/8in) 정사각형이다. 골은 두 사이드라인 사이 같은 거리에 배치된다.
골 포스트의 뒤쪽 가장자리는 골라인의 뒤쪽 가장자리와 같은 높이에
배치된다.

4.12. 골 에어리어 라인과 프리드로 라인 마킹

4.12.1. 골 에어리어 라인과 프리드로 라인은 다음과 같은 방식으로 측정한다
(그림 #2: 핸드볼 코트 마킹 참조).

4.12.1.1. 시설에 설치할 수 있는 코트의 길이와 너비를 결정한다. 참
고: 양 사이드라인을 따라 1m^(3ft, 3 3/8in)의 안전 거리를 포함
하고 양 골 뒤에 2m^(6ft, 6 3/4in)의 안전 거리를 포함하는 것이
필수적이다.

4.12.1.2. 골 라인의 중앙에 골을 맞춘다.

4.12.1.3. 각 내부 골 포스트의 안쪽 뒤쪽 모서리에 마크가 배치되도록 한다. 골이 측정을 방해하지 않도록 뒤로 이동시킨다.

4.12.1.4. 하나의 골 포스트에서 시작하여 줄자를 안쪽 골 포스트 마크에 배치하고 (골라인에 수직이 되도록) 골 포스트에서 곧바로 6m(19ft, 8 ¼in) 연장시킨다. 줄자를 반경으로 사용하여 바깥 쪽 골라인(1단계)으로 호를 그리면서 사분원을 표시한다.

4.12.1.5. 다른 골 포스트에서도 동일한 절차를 반복한다(2단계).

4.12.1.6. 골 포스트 바로 앞에서 직선으로 2개의 사분원을 연결한다(3단계).

4.12.1.7. 이 과정은 프리드로 라인에서도 반복해 15cm(6in) 길이의 줄자로 9m(29ft, 6 3/8in) 길이의 반경을 만들어 파선 효과를 낸다 (그림 #1 참조).

4.13. 골키퍼의 제한선

4.13.1. 길이가 15cm(6in)인 골키퍼의 제한선은 내부 골라인 중앙에서 4m(13ft, 1 1/2in) 떨어진 곳에 표시한다.

4.14. 페널티 드로 라인

4.14.1. 길이가 1m(3ft, 3 3/8in)인 페널티 드로 라인은 골라인 중앙에서 7m(22ft, 11 5/8in) 떨어진 곳에 표시한다.

4.15. 센터라인

4.15.1. 센터라인은 두 사이드라인의 중간점을 연결한다.

4.16. 계시원/점수 기록원 테이블 및 교체용 벤치

4.16.1. 계시원과 점수 기록원을 위한 테이블과 선수 교체를 위한 벤치는 점수 기록원/계시원이 교체 라인을 볼 수 있도록 배치해야 한다. 테이블은 벤치보다 사이드라인에 더 가깝게 배치해야 하지만 사이드라인에서 최

소한 50cm 이상 떨어져 있어야 한다.

5. 장비

5.1. 볼

5.1.1. 가죽(또는 합성), 둘레 54~56cm, 무게 325~375g의 여성용 볼(IHF 사이즈 2)
이 세계경기에서 사용된다.

5.1.2. 풀/접착제는 그 어떤 종류도 허용되지 않는다.

5.1.3. 엄지 손가락을 커버 안으로 눌러 볼 팽창을 점검해야 한다. 볼이 조금도
압축되지 않으면 과도하게 팽창된 것이다.

5.1.4. 모든 경기에는 최소한 두 개의 볼이 있어야 한다. 예비 볼은 경기 중에 시
간 기록원의 테이블에서 가져다가 즉시 사용할 수 있어야 한다. 심판은
예비 볼을 사용할 시기를 결정한다.

5.2. 골대

5.2.1. 골대는 두 개의 골 포스트, 대조적인 색상의 띠로 칠해진 크로스바와 네
트로 구성된다. 각 골대의 내부 높이는 세로 2m(6ft, 63/4in), 가로 3m(9ft, 10
1/8in)이고, 네트는 골대 바닥에서 1m(3ft, 33/8in) 깊이여야 한다(그림 #2 참조).

5.2.2. 골 포스트의 뒤쪽은 골라인의 뒤쪽 가장자리와 일직선이 되어야 한다. 골
포스트와 크로스바의 단면은 8cm여야 한다. 골대에는 네트가 있어야 하
며, 네트는 골대 안으로 던진 볼이 정상적으로 골대에 위치할 수 있도록
부착해야 한다.

5.3. 선수 유니폼

5.3.1. 경기 코트에서 뛰는 각 팀의 선수들은 유니폼을 착용해야 하며 유니폼의
앞면과 뒷면에 1~99번 사이의 선수 번호를 달아야 한다. 앞면의 선수
번호는 최소 10cm(4in), 뒷면의 숫자는 최소 20cm(8in) 이상이어야 한다.

5.3.2. 각 팀의 골키퍼는 양 팀의 코트 선수와 상대 골키퍼와는 다른 눈에 띄는

색상의 유니폼을 입어야 한다. 팀 유니폼은 검은색이 아니어야 한다.

6. 인원

6.1. 심판

6.1.1. 두 명의 심판, 즉 코트 심판과 골 라인 심판이 있으며, 각각 동일한 권한을 가진다.

6.1.2. 두 심판은 점수를 유지하고 모든 경고, 퇴장, 실격 및 제외 사항을 기록할 책임이 있다.

6.1.3. 심판만이 경기 시간을 중단하고 재개해야 하는 시기를 결정할 수 있다.

6.1.4. 사실에 대한 관찰을 기반으로 한 심판의 결정은 최종적이며 이의를 제기할 수 없다.

6.1.5. 심판의 적절한 규칙 적용과 관련된 질문이 있을 때만 이의를 제기할 수 있다.

6.2. 계시원/점수 기록원

6.2.1. 심판을 돕는 계시원 한 명과 득점 기록원 한 명이 있다.

6.2.1.1. 계시원은 경기 시간을 유지하고 퇴장을 모니터링하며 교체가 제대로 이루어지도록 하는 역할을 한다.

6.2.1.2. 퇴장 시간

6.2.1.2.1. 모든 퇴장 시간은 2분이다.

6.2.1.2.2. 심판이 경기 재개를 알리기 위해 휘슬을 불면 퇴장 시간이 시작된다. 2분이 지나면 계시원은 선수나 코치에게 알린다.

6.2.1.3. 프리드로/페널티 드로

6.2.1.3.1. 심판이 경기가 끝나고 시간이 만료되기 전에 프리드로나 페널티 드로를 주면, 계시원은 경기 종료 신호를

보내기 전에 드로가 이루어질 때까지 기다려야 한다. 다음과 같은 경우 경기가 중지된다.

6.2.1.4. 득점을 하고 반칙 사항이 없는 경우. 골키퍼나 수비수가 볼을 터 치했는지는 중요하지 않다.

6.2.1.5. 볼이 골에 들어가지 않거나 볼이 공격수에 닿지 않은 경우.

6.2.2. 점수 기록원은 점수 시트에서 팀 명단을 확인하고 필요한 내용(골, 경고 등)을 작성한다.

7. 팀 경기규칙

7.1. 팀 명단

7.1.1. 팀 명단은 12명의 선수로 구성하는 것을 권장한다.

7.1.2. 팀은 7명의 선수(코트 선수 6명과 골키퍼 1명)로 경기를 시작해야 한다.

7.1.3. 교체 선수는 교체 횟수 제한 없이 언제든지 경기에 참여할 수 있다. 교체 선수로 교체된 선수는 교체 선수가 코트에 들어오기 전에 코트에서 나가 야 한다. 교체 순서는 팀마다 표시된 교체 구역에서 이루어져야 한다. 교 체를 잘못 하게 되면 입장 선수에게 2분간 퇴장이 선언된다.

7.1.4. 경기를 시작하기 위해서는 최소 4명의 코트 선수와 1명의 골키퍼가 있어 야 한다.

7.2. 디비저닝

7.2.1. 팀은 다음에 따라 나뉜다.

7.2.1.1. 스팟 슈팅, 스피드 패스, 드리블 및 파워 드로의 4가지 핸드볼 기 술 평가 테스트(HSAT)에서 얻은 점수. (이 테스트는 선수/팀 평가만을 위한 것 이며 메달과 훈장을 위한 경기가 아니다. HSAT에 관한 정보는 섹션 11을 참조할 수 있다.)

7.2.1.2. 경기의 분류 라운드

7.2.2. 코치는 경기를 진행하기 전에 모든 팀원의 HSAT 점수를 제출해야 한다.

"팀 점수"는 상위 7명의 선수 점수를 더한 다음 그 합계를 7로 나누어 결정된다. 경기 위원회는 기타 사전 디비저닝 정보도 요구할 수 있다.

7.2.3. 팀은 처음에 HSAT 점수에 따라 분류별로 그룹화된다. 그런 다음 분류 과정을 마무리하기 위한 수단으로 디비저닝 라운드를 수행한다.

7.2.4. 등급 분류 라운드에서 팀은 2개 이상의 경기를 한다(권장 경기 시간 6분). 각 팀은 팀 명단을 작성해 모든 팀원이 경기에 참여할 수 있게 하고 6명의 가장 우수한 코트 선수와 최고의 골키퍼를 파악한다.

7.3. 경기 시간

7.3.1. 경기 시간은 전후반 각 30분이며 10분간 중간휴식을 갖는다. 경기는 연속으로 이루어져야 하며 시간은 심판이 타임아웃을 지시할 때만 중지해야 한다.

7.3.2. 경기 시작 전에 동전 던지기를 해야 한다. 동전 던지기의 승자는 경기 시작 시 볼의 소유권 또는 수비하고자 하는 골대를 선택할 수 있다.

7.3.3. 중간휴식 후 팀은 사이드와 벤치를 바꾸고 경기를 시작한 팀이 아닌 다른 팀이 드로오프를 한다.

7.3.4. 연장전

7.3.4.1. 확실한 승자를 결정해야 하는 경기에서는 정규 경기가 끝날 때 승패를 가르기 위해 연장전을 할 수 있다.

7.3.4.2. 연장전은 전후반 각 5분이며 1분 중간휴식으로 구성된다.

7.3.4.3. 연장전이 끝날 때까지 동점이면 페널티 드로를 사용한다. 각 팀에는 5명의 선수가 던지는 5개의 페널티 드로를 전환할 수 있는 기회가 주어진다. 팀이 공을 교대로 던지고 가장 많은 득점을 기록한 팀이 승자로 선언된다.

7.3.4.4. 이 다섯 번의 드로를 시도한 후에도 동점이 계속되면 한 팀이 득점하고 다른 팀이 실패할 때까지 두 팀 모두에게 공을 던질 기회

가 주어진다.

7.3.5. 타임아웃

7.3.5.1. 각 팀은 하프당 60초의 타임아웃이 허용된다. 팀 임원은 계시원 과 점수 기록원 앞에 있는 테이블에 "그린 카드"를 남겨 타임아 웃을 요청해야 한다. 팀은 볼을 소유하고 있을 때(인플레이 또는 아웃 오브플레이)에만 팀 타임아웃을 요청할 수 있다. 계시원이 휘슬을 불기 전에 팀이 공 소유권을 잃지 않는 경우(이 경우 "그린 카드"가 팀에 반환됨) 팀은 즉시 팀 타임아웃을 받게 된다. 심판은 타임아웃 신 호를 보낸다. 심판은 부상당한 선수를 위해 타임아웃을 선언할 수도 있다.

7.3.5.2. 참고: 부상당한 선수에게 타임아웃을 선언하면 해당 선수는 반 드시 교체되어야 한다. 경기가 재개된 후 부상당한 선수는 정상 적인 교체 절차를 사용하여 경기로 돌아갈 수 있다.

7.3.5.3. 타임아웃은 다음과 같은 경우 필수이다.

7.3.5.3.1. 2분의 퇴장, 실격 또는 제외가 이루어진 경우

7.3.5.3.2. 7m 드로가 주어진 경우

7.3.5.3.3. 팀 타임아웃이 선언된 경우

7.3.5.3.4. 잘못된 교체가 있거나 추가 선수가 코트에 들어간 경우

7.3.5.3.5. 계시원 또는 기술 대표가 휘슬을 분 경우

7.3.5.3.6. 규정 18:9에 따라 심판 간의 협의가 필요한 경우

7.4. 코트 제한

7.4.1. 골 에어리어

7.4.1.1. 골키퍼만 골 에어리어 라인 위에 서거나 안에 들어갈 수 있다.

7.4.1.2. 공격수가 골 에어리어 라인 내에서 허용되는 유일한 경우는 골

에어리어 라인 밖에서 점프하여 착지 전에 골대에 볼을 슈팅하는 경우이다. 선수가 골 에어리어에 착지하기 전에 볼을 놓지 않으면 골이 인정되지 않는다. 다른 선수와의 간섭을 피하기 위해 해당 선수는 착지 시 가능한 한 빨리 골 에어리어를 벗어나야 한다.

7.4.1.2.1. 공격수가 골 에어리어 또는 골 에어리어 라인에 들어서면 수비팀은 반칙 지점에서 프리드로를 받는다.

7.4.1.3. 수비수가 골 에어리어 안에 들어가 볼을 가지고 있는 상대보다 이점을 얻는 경우, 페널티 드로가 주어진다.

7.4.2. 골키퍼

7.4.2.1. 골키퍼는 자신의 골 에어리어에서 자유롭게 움직일 수 있다. 볼을 소유하고 있지 않다면 해당 지역을 벗어날 수 있다. 골 에어리어를 벗어나면 골키퍼는 코트 선수와 같은 방식으로 움직일 수 있으며 동일한 규정이 적용된다. 골키퍼는 볼을 가지고 골 에어리어에 다시 들어갈 수 없다.

7.4.2.2. 모든 골키퍼는 코트 선수를 대신해 교체할 수 있다. 코트 선수는 골키퍼를 대신해 교체할 수 있다. 주어진 시간에 코트에서 골키퍼로 지정된 선수는 팀당 한 명뿐이어야 한다.

7.5. 볼 다루기

7.5.1. 선수는 볼을 가지고 3걸음 이상 달리거나 3초 동안 잡고 있을 수 없다.

7.5.2. 선수가 볼을 드리블하는 데는 시간 제한이 없다. 그러나 한 손 또는 양손으로 볼을 잡자마자 3걸음 이후 또는 3초 이내에 볼을 놓아야 한다. 선수는 3걸음 달리고, 수회 드리블하고, 볼을 잡고 3걸음 더 달릴 수 있다. 선수가 마지막 걸음 이후에 다시 드리블하면 더블 드리블이 선언된다.

7.5.2.1. 농구에서와 마찬가지로 선수가 볼을 드리블하고 잡은 후에는 볼을 드리블할 수 없다. 두 손을 사용하여 볼을 팅길 때도 더블 드

리블이 발생한다. 더블 드리블을 하면 상대편에게 프리드로가
주어진다.

7.5.3. 공격수는 손, 팔, 머리, 등, 허벅지 또는 무릎을 사용하여 거의 모든 방향
으로 볼을 던지거나, 치거나, 때릴 수 있다.

7.5.3.1. 선수는 다음과 같은 방식으로 볼을 다룰 수 없다.

7.5.3.2. 아래쪽 다리(무릎 아래) 또는 발로 볼을 터치하는 경우.

7.5.3.3. 구르거나 바닥에 놓인 볼을 향해 다이빙하는 경우. 다른 선수를
위험에 빠뜨리는 다이빙은 절대 허용되지 않는다.

7.5.3.4. 고의로 사이드라인을 가로질러 또는 골 라인 밖에서 자신의 골
라인을 가로질러 볼을 던지는 경우.

7.5.3.5. 볼을 스스로 잡을 의도로 공중으로 패스하는 경우. 이것은 에어
드리블로 간주한다.

7.6. 상대방을 향한 플레이 행위

7.6.1. 허용되는 행위

7.6.1.1. 손의 평평한 부분을 사용하여 상대로부터 볼을 위로 들어 올리
는 경우

7.6.1.2. 수비 선수는 자신의 몸을 사용하여 볼을 가지고 있거나 가지고
있지 않은 상대를 방해할 수 있다.

7.6.2. 금지된 행위

7.6.2.1. 상대방을 밀거나, 잡고, 걸어 넘어뜨리거나, 때리거나, 기타 방식
으로 상대방을 위험에 빠뜨리는 경우

7.6.2.2. 슈팅을 할 때 볼로 상대를 위험에 빠뜨리는 경우. 공격수는 슈팅
을 할 때 수비수를 맞추지 않도록 성의 있는 시도를 해야 한다.
그러나 수비 선수의 임무는 슈팅을 막는 것이며, 심판이 슈팅이
위험하다고 판단하지 않는 한 수비수가 적극적으로 플레이에 참

여한 경우 선수 슈팅은 페널티를 받지 않는다.

7.6.2.3. 공격수가 수비수를 향해 돌진하는 경우

7.6.2.4. 상대방의 손으로부터 볼을 당기거나, 치거나, 때려서 빼앗는 경우

7.7. 드로

7.7.1. 드로오프

7.7.1.1. 드로오프는 경기가 시작될 때, 후반전이 시작될 때 그리고 골이 득점된 후에 시작된다.

7.7.1.2. 심판이 휘슬을 불면 3초 이내에 드로오프를 해야 한다.

7.7.1.3. 드로오프는 어느 방향으로든 약 1.5m의 허용 오차로 코트 중앙에서 이루어진다. 드로어의 팀원은 휘슬 신호가 있기 전에 센터 라인을 넘을 수 없다.

7.7.1.4. 드로오프의 경우 모든 상대 선수는 드로를 하는 선수로부터 3m(9ft, 10 1/8in) 이상 떨어져 있어야 한다.

7.7.1.5. 드로오프는 골로 직접 이어질 수 있다.

7.7.2. 드로인

7.7.2.1. 볼이 사이드라인을 넘으면 드로인이 주어진다.

7.7.2.2. 수비수(골키퍼 제외)가 외부 골라인을 통과하기 전에 마지막으로 볼을 터치한 경우 드로인이 주어진다. 이 드로인은 볼이 골라인을 넘은 골 쪽 코트 코너에서 이루어진다.

7.7.2.3. 드로인은 휘슬 없이 이루어지며 볼을 점유하고 있는 팀의 어떤 선수라도 가져갈 수 있다. 드로인을 하는 선수는 사이드라인에 한 발을 올려야 한다.

7.7.2.4. 볼을 던질 때 수비는 3m(9ft, 10 1/8in) 거리에 있어야 한다.

7.7.2.5. 드로인에서 직접 골을 넣을 수 있다.

7.7.3. 골키퍼드로

7.7.3.1. 공격팀이나 골키퍼의 행동으로 볼이 골라인을 넘어갈 때 골키퍼 드로를 한다. 골키퍼는 심판의 휘슬 없이 골 에어리어 내에서 골키퍼드로를 수행한다.

7.7.3.2. 참고: 골키퍼가 자신의 골 에어리어에서 볼을 점유하면 볼은 인플레이 상태를 유지한다.

7.7.3.3. 골키퍼드로에서 직접 골을 넣을 수 있다.

7.8. 득점

7.8.1. 볼의 전체 둘레가 크로스바 아래의 두 골 포스트 사이의 골라인을 완전히 통과하면 득점했다고 간주한다.

7.8.2. 심판이 휘슬을 불면 경기가 중단된다. 따라서 휘슬이 울린 후 득점하면 득점으로 인정되지 않는다.

7.9. 프리드로

7.9.1. 다음과 같은 상황에서 프리드로가 주어진다.

7.9.1.1. 선수가 상대에게 금지된 행동을 하는 경우.

7.9.1.2. 볼이 잘못 플레이 된 경우.

7.9.1.3. 골 에어리어 라인을 터치하거나 통과한 경우.

7.9.1.4. 선수가 스포츠맨답지 않은 방식으로 행동한 경우.

7.9.1.5. 선수가 의도적으로 시간을 낭비한 경우(패시브 플레이).

7.9.1.6. 선수가 잘못 교체된 경우.

7.9.1.7. 골키퍼가 볼을 제어하면서 골 에어리어 라인을 가로지르는 경우.

7.9.1.8. 규칙 위반 이외의 상황(예: 선수 부상)으로 인해 경기가 중단된 후.

7.9.1.9. 공격팀이 반칙으로 프리드로나 페널티 드로를 하는 경우.

7.9.1.10. 볼이 천장이나 코트 위의 고정물에 닿아 경기가 중단되고 볼이 코트 내에 있으면 마지막으로 볼을 터치하지 않은 팀에 대한 프리드로로 경기가 다시 시작된다. 프리드로는 휘슬 신호 후 원칙

적으로 볼이 천장이나 고정물에 닿은 곳 아래에서 이루어진다.

7.9.1.11. 선수가 의도적으로 자신의 골 에어리어로 볼을 플레이하고 골 키퍼가 볼을 터치하는 경우.

7.9.1.12. 골키퍼가 볼을 골 에어리어로 다시 가져온 경우.

7.9.2. 심판이 볼을 다루지 않고 반칙이 발생한 코트의 지점에서 즉시 프리드로 를 한다. 드로어는 한 발이 계속 코트에 닿아야 하며 3초 이내에 볼을 던 져야 한다.

7.9.2.1. 골 에어리어(6m/19ft, 8 1/4in)와 프리드로(9m/29ft, 6 3/8in) 라인 사이에 서 수비 반칙이 발생하면 파울이 범해진 지점에서 가장 가까운 프리드로 라인 바깥 쪽에서 프리드로를 받는다.

7.9.3. 공격팀의 선수는 상대 팀의 프리드로 라인 밖에 있어야 하며, 수비는 볼 에서 3m(9ft, 10 1/8in) 떨어져 있어야 한다.

7.9.4. 프리드로를 통해 직접 골을 득점할 수 있다.

7.10. 7m 드로

7.10.1. 다음 상황에서 7m 드로가 주어진다.

7.10.1.1. 코트 어느 곳에서나 골을 넣을 수 있는 분명한 기회를 규정 위반으로 막을 경우. 예를 들어, 6m(19ft, 8 1/4in) 라인에서 수비 수가 슈팅을 준비할 때 뒤에서 공격수의 팔을 잡는 경우

7.10.1.2. 선수가 볼의 진행을 멈추거나 볼을 소유한 공격수로부터 이 점을 취하기 위해 고의적으로 자신의 골 에어리어에 들어간 경우

7.10.1.3. 관중들이 코트에 들어오거나 휘슬 신호를 통해 선수들을 멈 추게 하는 등, 득점 가능성이 명확한 경우, 혹은 경기에 참여 하지 않는 사람의 방해로 인해 득점 가능성이 명백하게 사라 지는 경우. 예를 들어 이 규정은 갑작스러운 정전과 같이 명

백한 득점 기회 앞에서 경기를 완전히 멈추게 하는 "불가항력"의 경우에도 적용된다.

7.10.2. 페널티 드로는 심판의 휘슬 신호가 있은 후 3초 이내에 골대에 슈팅하는 것으로 이루어진다.

7.10.3. 7m^(22ft, 11 5/8in) 라인 뒤에서 7m 드로가 이루어진다. 이 라인은 건드릴 수 없다.

7.10.4. 드로어는 볼에서 손을 놓을 때까지 한 발이 바닥에 닿아 있어야 한다.

7.10.5. 다른 모든 선수는 프리드로 라인 뒤에 서있고, 상대 선수는 드로어로부터 3m^(9ft, 10 1/8in) 거리에 있어야 한다.

7.10.6. 골키퍼는 골과 4m^(13ft, 1 1/2in) 라인 사이의 어느 위치에나 위치할 수 있다.

7.11. 경고 및 퇴장

7.11.1. 스포츠맨답지 않은 행위, 비정상적으로 거친 플레이 또는 의도적으로 반복되는 개인 파울을 할 경우 상대 팀에게 프리드로를 주고 심판이 선수에게 경고를 보내거나 경기에서 2분 동안 퇴장시킨다. 다음과 같은 경우 선수는 경기에서 2분 동안 퇴장된다.

7.11.1.1. 팀을 상대로 프리드로를 선언했을 때 선수가 볼을 즉시 내려놓지 않는 경우

7.11.1.2. 선수가 교체 선수로 부적절하게 경기에 참가하는 경우

7.11.1.3. 상대가 드로우를 할 때 팀이 반복적으로 반칙을 하는 경우

7.11.1.4. 선수가 경고를 받거나 이전에 퇴장을 당하고 다른 파울을 범한 후

7.11.1.5. 팀이 세 번의 경고를 받은 후 선수가 파울을 범할 때마다

7.11.2. 심판의 판단에 따라 선수가 심각한 파울을 범하거나 스포츠맨답지 않은 행위를 하는 경우 사전 경고없이 2분 퇴장이 주어질 수 있다.

7.11.3. 퇴장 페널티 시간 동안, 퇴장된 선수의 팀은 선수가 한 명 적은 상태로

플레이해야 한다. 전반전이 끝날 때까지 페널티 시간이 완료되지 않은 경우 2분의 퇴장은 후반전으로 이어진다. 정규 시간에서 연장전까지, 그리고 연장전 중에도 동일한 사항이 적용된다.

7.11.4. 심판은 선수에게는 한 번만 경고하고 한 팀에게는 총 세 번의 경고를 줄 수 있다. 이러한 한도에서 1회 초과 시2분의 퇴장이 주어진다. 심판은 퇴장을 선언하기 전에 경고를 할 필요가 없다.

7.11.5. 경기 코트에서 반칙으로 인해 조금 전 2분 퇴장을 받은 선수가 경기 시작 전 코트를 벗어나거나 교체 구역에 있는 등 스포츠맨답지 않은 행위로 반칙이 인정될 경우, 해당 선수에게 2분 퇴장을 추가로 줄 수 있다.

7.11.5.1. 처음 2분 퇴장이 선수의 두 번째 퇴장일 경우, 추가 퇴장은 실격으로 이어진다.

7.11.5.2. 그러나 처음 퇴장이 이미 선수의 세 번째 퇴장으로 인해 실격으로 이어지는 경우, 팀은 추가 퇴장을 받게 된다(특정 선수에 대해 기록되지 않음).

7.12. 실격

7.12.1. 선수는 다음과 같은 경우 실격된다.

7.12.1.1. 총 3회의 2분 퇴장을 받은 후.

7.12.1.2. 다른 상대에게 심각한 신체적 파울을 저지른 경우.

7.12.2. 선수가 실격되면 2분의 퇴장이 끝난 후 다른 선수로 교체할 수 있다.

7.13. 제외

7.13.1. 선수가 코트에 있는 동안 상대 또는 심판에게 공격을 가하면 경기에서 제외된다.

7.13.2. 제외된 선수는 경기에 더 이상 참여할 수 없으며 벤치에 남아있을 수 없다.

7.13.3. 제외된 선수의 팀은 남은 경기에 교체 선수를 투입할 수 없다.

7.14. 팀 대회에 대한 선택적 조정

7.14.1. 다음은 스페셜올림픽 핸드볼 경기를 수행할 때 사용할 수 있는 IHF 규정의 조정안이다. 이러한 조정안은 선택 사항이며 적용 여부를 결정하는 것은 각 개별 프로그램의 책임이다.

7.14.1.1. 코트의 길이는 규정 농구 코트의 길이(26m) 이상으로 수정할 수 있다. 규정 핸드볼 코트 크기(20m/65ft, 7 3/8in)에 최대한 가깝게 너비를 유지하는 것이 코트 길이보다 더 중요하다. 따라서, 규정 크기의 코트를 설정할 공간이 있는 넓은 체육관이나 실내 경기장을 확보하기 위한 노력이 필요하다.

7.14.1.2. 초보 선수와 경기 수행 능력이 낮은 선수는 경기를 위해 폼, 공기 주입 볼을 사용할 수 있다. 권장되는 폼 핸드볼의 무게는 350g(12.3oz), 지름은 17.145cm(6 3/4in), 둘레는 53.34cm(21in)이다.

7.14.1.3. 경기 시간은 최소 5분의 하프 타임과 함께 전후반 각 15분 이상(경기 지속 시간)이어야 한다. 토너먼트 플레이의 유형, 하루에 플레이되는 경기 수 및 선수의 신체적 컨디션 조절은 전후반의 길이를 결정하는 요소가 된다. 시간은 코치의 상호 합의 또는 심판 또는 경기 감독관의 명령에 따라 조정할 수 있다.

7.14.1.4. 초보 선수, 청소년 및 수행 능력이 낮은 선수의 경우 심판은 농구 경기에서 허용되는 접촉을 제한하기를 원할 수 있다. 개인의 파울 제한은 없다. 그러나 반칙 행위는 선수와 코치에게 경고를 주게 된다. 개인 선수가 어떤 종류이든 두 번째 경고를 받으면 2분의 퇴장을 받게 되며 팀은 적은 인원으로 플레이한다. 2분 퇴장을 3회 받게 되면 해당 선수는 실격된다.

8. 5-A-사이드 핸드볼 규칙

아래 명시된 경우를 제외하고 5-A-사이드 핸드볼 규칙은 팀 경기 규칙과 동일하다.

8.1. 디비저닝

8.1.1. 팀은 개인 기술 경기 점수와 경기 분류 라운드에서 집계된 팀 점수에 따라 디비저닝된다.

8.1.2. 코치는 경기를 진행하기 전에 팀의 개인 기술 경기 팀 점수를 제출해야 한다. 팀 점수는 상위 5명의 선수 점수를 더한 다음 그 합계를 5로 나누어 결정된다.

8.1.3. 팀은 처음에 개인 기술 경쟁 팀 점수에 따라 디비전으로 그룹화된다. 그런 다음 분류 과정을 마무리하기 위한 수단으로 디비저닝 라운드가 수행된다.

8.1.4. 분류 라운드에서 팀은 각 경기가 6분 이상 진행되는 한 개 이상의 경기를 플레이한다. 각 팀은 팀 점수를 구성하기 위해 개인 기술 경기 점수를 제출한 5명의 선수를 모두 출전시켜야 한다.

8.2. 5-A-사이드 핸드볼의 골

8.2.1. 5-A-사이드 핸드볼은 스페셜올림픽 핸드볼 경기의 팀 수를 늘리는 수단으로 사용될 수 있다.

8.2.2. 또한 경기 수행 능력이 낮은 선수가 규정 플레이로 진행할 수 있도록 돕는 수단이기도 하다.

8.3. 경기장 및 장비

8.3.1. 체육관의 길이가 26m 미만일 경우 골 에어리어 라인 측정은 5m(16ft, 43/4in)로, 프리드로 라인은 8m(26ft, 3in)로 줄일 수 있다.

8.3.2. 폼, 공기 주입된 팀 핸드볼(350g, 직경 17.145cm[6 3/4in], 둘레 53.34cm[21in])이 권장된다.

8.4. 팀 및 선수

8.4.1. 한 팀에는 최대 9명의 선수를 둘 수 있다.

8.4.2. 이 경기는 두 5인 팀 간에 진행된다. 각 팀에서 한 명의 선수가 골키퍼가 된다. 각 팀은 3명의 코트 선수와 골키퍼로 경기를 시작해야 한다. 결석은 허용된다. 선수는 5초 동안 볼을 잡을 수 있다.

8.5. 경기 시간

8.5.1. 경기 플레이 시간은 20분(경기 지속 시간)이어야 한다. 최소 10분의 동일한 전후반 시간을 갖고 전후반 사이에 5분의 휴식 시간을 갖는다. 팀은 하프타임 후에 골을 바꾼다.

8.5.2. 팀당 한 번의 60초 타임아웃이 허용되며 시계가 중지된다. 심판은 선수 부상 타임아웃을 선언할 수 있다.

8.5.3. 정규 경기가 끝날 때 동점으로 인해 연장전이 필요한 경우, 볼 소유권을 위해 동전 던지기로 시작된다. 정규 경기 다음과 각 연장전 사이에 1분의 중간 휴식을 갖는다. 연장전은 3분이다. 연장전 후에도 계속 동점인 경우 규정에 따라 페널티 슈팅이 이루어진다.

8.6. 교체

8.6.1. 적절하게 교체하지 않는 선수는 경고를 받게 되지만 2분의 퇴장은 받지 않는다. 그러나 반칙으로 인한 교체를 하게 되면 상대 팀에게 프리드로가 주어진다.

8.7. 상대 선수를 향한 플레이 행위

8.7.1. 접촉 없음: 접촉은 농구 경기에서 허용하는 정도로 제한된다.

8.7.2. 개인의 파울 제한은 없다. 그러나 반복되는 파울이나 위험한 플레이를 하는 선수에게 경고를 줄 수 있다.

8.7.3. 개인 선수가 어떠한 종류이든 두 번째 경고를 받으면 2분의 퇴장을 받게 되며 팀은 적은 인원으로 플레이한다.

8.7.4. 2분 퇴장을 3회 받으면 해당 선수는 실격된다.

9. 통합스포츠 팀 대회 규정

9.1. 명단

9.1.1. 명단은 비례적인 수의 선수와 파트너를 포함해야 한다.

9.2. 라인업

9.2.1. 스페셜올림픽 핸드볼 규정은 한 팀이 경기를 계속하기 위해 최대 7명, 최소 5명의 선수를 코트에 출전시킬 수 있도록 허용한다. 다음 라인업만 허용된다. 선수 4명과 파트너 3명, 선수 3명과 파트너 3명, 선수 3명과 파트너 2명. 필수 비율을 준수하지 않으면 몰수패 처리된다.

9.2.2. 예외: 코트에 7명의 선수(선수 4명, 파트너 3명)가 있을 때 파트너에게 2분 퇴장이 주어지면 팀은 선수 3명과 파트너 2명 비율을 준수하기 위해 다른 선수를 제외시키지 않는다.

9.2.3. 각 팀에는 경기 중 팀의 라인업과 행동을 책임지지만 경기에는 참가하지 않는 성인 코치가 있어야 한다.

10. 개인 기술 경기 규칙

10.1. 선수

10.1.1. 이 종목은 핸드볼 경기를 할 수 있는 선수를 정하기 위한 것이 아니다. 개인 기술 경기는 타겟 패스, 10m 드리블 및 슈팅의 세 가지 종목으로 구성된다. 선수의 최종 점수는 이 세 가지 종목 각각에서 얻은 점수를 더하여 결정된다. 각 종목은 제안된 번호와 배치에 따라 그림으로 표시된다.

10.2. 종목 #1: 타겟 패스

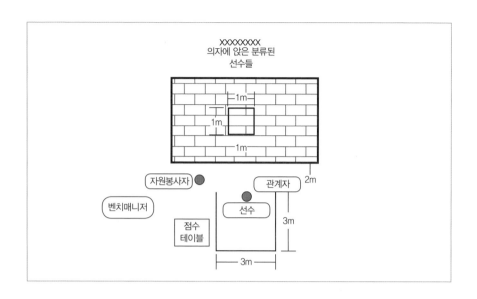

10.2.1. 목적

10.2.1.1. 선수가 한 손으로 핸드볼을 패스할 수 있는 기술을 측정한다.

10.2.2. 장비

10.2.2.1. 가죽 핸드볼 2개, 바닥 분필 또는 테이프 및 줄자.

10.2.3. 설명

10.2.3.1. 분필이나 테이프를 사용하여 1m^(3ft, 3 3/8in) 정사각형을 벽에 표시한다. 정사각형의 하단 선은 바닥에서 1m 떨어져 있어야 한다. 3m 정사각형을 바닥과 벽에서 2.4m^(7ft, 10 3/8in) 떨어진 곳에 표시한다. 선수는 정사각형 안에 서 있어야 한다. 선수 휠체어의 앞바퀴 축이 라인을 지나갈 수 없다. 선수에게는 5번의 패스가 허용된다. 팀 핸드볼은 오버 핸드 동작으로 한 손으로 던져야 하며 적절한 패스로 카운트되기 위해서는 공중에서 벽을 쳐야 한다.

10.2.4. 득점

10.2.4.1. 선수가 정사각형 내부의 벽을 치면 3점을 받는다.

10.2.4.2. 선수가 정사각형 선을 치면 2점을 받는다.

10.2.4.3. 선수가 정사각형의 어떤 부분에도 해당되지 않는 벽을 치면 1점을 받는다.

10.2.4.4. 선수가 3m^(9ft, 10 1/8in) 정사각형 내부에서 즉석에서 볼을 잡거나 한 번 이상 바운스를 하면 1점을 받는다.

10.2.4.5. 선수의 점수는 다섯 번의 패스 모두에서 얻은 점수를 합산한다.

10.3. 종목 #2: 10m 드리블

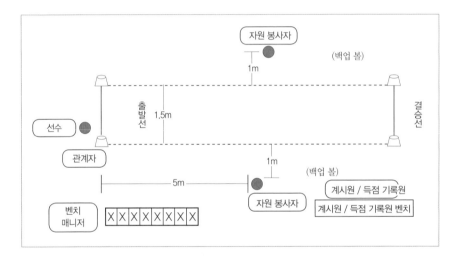

10.3.1. 목적

10.3.1.1. 선수가 핸드볼을 드리블할 수 있는 속도와 기술을 측정한다.

10.3.2. 장비

10.3.2.1. 가죽 핸드볼 3개, 트래픽 콘 4개, 바닥 테이프, 줄자, 스톱워치.

10.3.3. 설명

10.3.3.1. 선수는 출발선 뒤와 콘 사이에서 시작한다. 선수는 심판의 신호에 따라 드리블을 하며 이동하기 시작한다. 선수는 전체 10m 동안 한 손으로 볼을 드리블한다. 휠체어 선수는 적절

한 드리블을 위해 두 번의 푸시를 받을 수 있으며 두 번 드리블해야 한다. 선수는 콘 사이로 결승선을 통과해야 하며 볼을 집어 들어 드리블을 멈춰야 한다.

10.3.3.2. 선수가 볼의 컨트롤을 잃어도 시계는 계속 작동한다. 선수는 볼을 회수할 수 있다. 그러나 볼이 1.5m 레인을 벗어나면 선수는 가장 가까운 백업 팀 핸드볼을 집거나 레인을 벗어난 볼을 회수하여 종목을 계속 진행할 수 있다.

10.3.4. 득점

10.3.4.1. 선수는 "고" 신호가 떨어진 시점부터 결승선을 통과하고 핸드볼을 집어 들어 드리블을 멈출 때까지의 시간이 측정된다.

10.3.4.2. 선수가 드리블 반칙(예: 양손 드리블 등)을 할 때마다 1초의 페널티가 부여된다. 선수는 두 번 시도할 수 있다. 경과 시간에 평가된 페널티 시간을 더하고 전환 차트를 기반으로 총 시간을 포인트로 환산하여 각 테스트의 점수를 매긴다.

10.3.4.3. 두 번의 시도 중 최고 점수를 환산한 점수가 종목에 대한 선수의 점수가 된다. (동점일 경우 실제 시간을 기준으로 순위를 가른다.)

10.4. 종목 #3: 슈팅

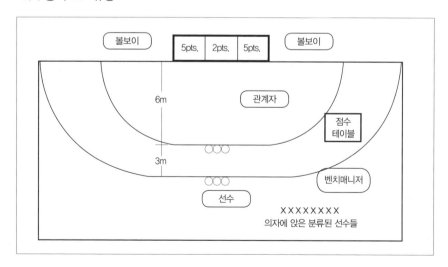

10.4.1. 목적

10.4.1.1. 핸드볼을 슈팅하는 선수의 정확도를 측정한다.

10.4.2. 장비

10.4.2.1. 가죽 핸드볼(6개 권장)과 핸드볼 골대, 바닥 테이프 및 줄자.

10.4.3. 설명

10.4.3.1. 골 에어리어 라인(6m [19ft, 8 1/4in] 라인)과 프리드로 라인(9m [29ft, 6 3/8in] 라인)을 코트에 표시한다. 3개의 볼은 6m(19ft, 8 1/4in) 라인의 골대 중앙 반대편에 배치하고 3개의 볼은 9m(29ft, 6 3/8in) 라인에 배치한다. 골대는 크로스바에서 지면까지 붙이는 테이프로 세 개의 동일한 섹션으로 나뉜다. 각 섹션의 너비는 1m(3ft, 3 3/8in)이다.

10.4.3.2. 선수는 6m(19ft, 8 1/4in) 거리에서 골대를 향해 3개, 9m(29ft, 6 3/8in) 거리에서 3개를 슈팅한다. 선수는 볼을 골대에 직접 슈팅하거나 한 번 튕겨서 득점할 수 있다.

10.4.4. 득점

10.4.4.1. 선수는 6m(19ft, 8 1/4in) 및 9m(29ft, 6 3/8in) 라인 뒤에서 슈팅해야 한다.

10.4.4.2. 선수가 라인을 밟으면 슈팅이 카운트되지 않는다.

10.4.4.3. 선수는 볼을 놓은 후에는 라인을 따라 통과할 수 있다.

10.4.4.4. 선수가 외부 1m(3ft, 3 3/8in) 섹션 중 하나에 볼을 슈팅하면 5점을 얻는다.

10.4.4.5. 선수가 중앙 섹션에 볼을 슈팅하면 2점을 얻는다.

10.4.4.6. 볼이 두 번 이상 바운스되는 경우 점수가 부여되지 않는다.

11. 핸드볼 기술 평가 테스트(HSAT)

11.1. 스팟슈팅

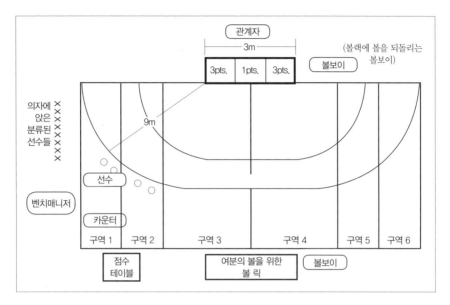

11.1.1. 설정

11.1.1.1. 가죽 핸드볼 4개, 줄자닥 테이프(두 가지 색상), 핸드볼 골대 1개.

11.1.1.2. 9m(29ft, 6 3/8in) 라인(프리드로 라인)을 따라 다음 구역이 골대 중
앙에서 바닥에 다른 색상 테이프로 표시된다. 각각의 숫자는
9m 라인(29ft, 6 3/8in) 바깥 쪽 바닥에 표시된다.

숫자는 선수가 쉽게 볼 수 있을 만큼 충분히 커야 한다.

11.1.1.3. 1단계

11.1.1.3.1. 1구역: 골대 왼쪽의 6m(19ft, 8 1/4in) 표시 밖

11.1.1.3.2. 2구역: 골대 왼쪽의 6m(19ft, 8 1/4in) 표시와 3m(9ft, 10 1/8in) 표시 사이

11.1.1.3.3. 3구역: 골대 왼쪽의 3m(9ft, 10 1/8in) 표시와 중앙
표시 사이

11.1.1.3.4. 4구역: 골대 오른쪽의 3m(9ft, 10 1/8in) 표시와 중앙

표시 사이

11.1.1.3.5. 5구역: 골대 오른쪽의 3m(9ft, 10 1/8in) 표시와 6m

표시 사이

11.1.1.3.6. 6구역: 골대 오른쪽의 6m(19ft, 8 1/4in) 표시 밖

11.1.1.4. 2단계

11.1.1.4.1. 골대는 크로스 바에서 지면까지 연장한 테이프로

1m(3ft, 33/8in) 섹션 3개로 나뉜다. 골 포스트 옆의

처음 두 섹션은 너비가 1m(3ft, 3 3/8in)여야 한다(테이

프의 크기가 이 측정에 포함되어야 함).

11.1.2. 테스트

11.1.2.1. 각 선수는 12번의 드로(6개 구역에서 각각 2번의 슈팅)를 한 번 시도

한다. 선수는 9m(29ft, 6 3/8in) 라인을 따라 지정된 6개 구역에

서 각각 2번씩 슈팅해야 한다. 선수는 9m(29ft, 6 3/8in) 라인 뒤

에서 슈팅해야 한다.

11.1.3. 득점

11.1.3.1. 선수가 외부 1m(3ft, 3 3/8in) 섹션 중 하나에 볼을 슈팅하면 3점

이 부여된다. 볼이 테이프를 치면 3점으로 기록된다.

11.1.3.2. 중간 섹션은 1점이다.

11.1.3.3. 만점은 36점(골 포스트 옆 구역에 떨어질 때마다 3 점)이다.

11.1.3.4. 선수는 볼을 놓은 후에는 라인을 따라 통과할 수 있다.

11.1.3.5. 선수가 라인을 밟으면 슈팅이 카운트되지 않는다.

11.1.3.6. 선수는 볼을 골에 직접 슈팅하거나 한 번 튕겨서 득점할 수

있다.

11.1.3.7. 볼이 두 번 이상 바운스 되는 경우 점수가 부여되지 않는다.

11.1.3.8. 선수의 점수는 각 드로할 때마다 주어진 점수들의 총점이다.

11.1.4. 무대 구성

11.1.4.1. 테스트를 관리하는 자원 봉사자들은 테스트를 수행하는 선수를 방해해서는 안 된다. 경기임원인 자원 봉사자 "A"는 이 특정 테스트를 수행하는 그룹을 지시하고 자원 봉사자 "B"가 실제 테스트를 시연한다. 자원 봉사자 "A"는 테스트를 치를 선수에게 핸드볼을 주고 준비가 되었는지 물어본 다음 "레디, 고"라고 말하고 각 슈팅의 점수를 확인한다. 다른 자원 봉사자들은 던진 볼을 회수하고 교체한다. 득점 기록원인 자원 봉사자 "C"는 선수의 점수를 기록한다.

11.1.4.2. 각 자원 봉사자는 테스트를 관리하고 정해진 구역만 관리한다.

11.2. 스피드 패스

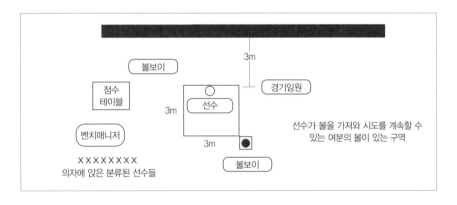

11.2.1. 설정

11.2.1.1. 가죽 핸드볼 2개, 평평한 벽, 줄자, 바닥 테이프, 스톱워치. 테이프를 사용하여 3m^(9ft, 10 1/8in) x 3m^(9ft, 10 1/8in) 크기의 정사각형을 벽과 평행하게 2.4m 떨어진 곳에 표시한다.

11.2.2. 테스트

11.2.2.1. 시간: 30초씩 두 번의 시도.

11.2.2.2. 선수는 3m^(9ft, 10 1/8in) 정사각형 안에 서서 한 손으로 오버핸드 동작으로 볼을 벽에 던져야 한다. 볼은 공중에서 이동하면서 벽에 부딪쳐야 한다. 그런 다음 선수는 드로잉 박스 안에 있는 동안 볼이 돌아왔을 때 볼을 잡거나 멈춰야 한다. 볼을 완벽하게 수비할 필요는 없지만 볼의 진행을 정지시키거나 정사각형 안에서 잡아야 한다. 만약 선수가 정사각형 안에서 볼을 멈추거나 잡을 수 없다면, 선수는 볼을 다시 가져와 계속할 수 있다. 선수가 30초 동안 정사각형 안에서 성공한 캐치/스톱 횟수로 심사된다.

11.2.3. 득점

11.2.3.1. 패스가 공중에서 벽에 부딪히고 정사각형 내에서 잡거나 멈출 때마다 1점을 얻는다. 볼을 잡거나 멈추지 않고 정사각형 밖을 통과하면 득점으로 이어지지 않는다. 두 번의 30초 테스트에서 선수의 최고 점수가 계산된다.

11.2.4. 무대 구성

11.2.4.1. 테스트를 관리하는 자원봉사자들은 테스트를 수행하는 선수를 방해해서는 안 된다. 경기임원인 자원 봉사자 "A"는 이 특정 테스트를 수행하는 그룹을 지시하고 자원 봉사자 "B"가 실제 테스트를 시연한다. 자원 봉사자 "A"는 테스트를 치를 선수에게 핸드볼을 주고 준비가 되었는지 물어본 다음 "레디, 고"라고 말하고 선수가 30초 동안 성공한 패스 수를 계산한다. 여분의 볼 뒤에 서 있는 자원 봉사자 "B"는 볼이 아웃될 때마다 볼을 회수하고 교체한다. 자원 봉사자 "C"는 선수의 점수를 기록하고 시간을 기록한다. 각 자원 봉사자는 테스트를 관리하고 정해진 구역만 관리한다.

11.3. 드리블

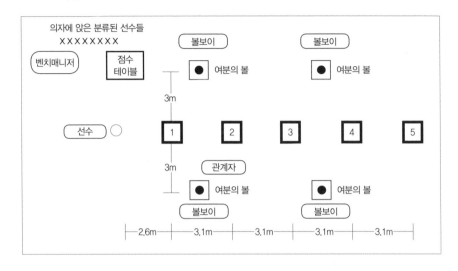

11.3.1. 설정

11.3.1.1. 가죽 핸드볼 5개, 스톱워치, 트래픽 콘 5개, 줄자 바닥 테이프.

11.3.2. 테스트

11.3.2.1. 선수는 15m 코스에서 3m(9ft, 10 1/8in) 간격으로 일렬로 배치된 5개의 장애물을 오른쪽과 왼쪽으로 번갈아 가면서 볼을 드리블하도록 지시받는다. 라인의 마지막 장애물에 도달하면 선수는 종료 장애물에 원을 그리며 선수가 출발/종료 라인을 통과할 때까지 규정된 방식으로 계속해서 장애물을 통과하여 볼을 드리블해야 한다.

11.3.3. 득점

11.3.3.1. 선수가 볼을 드리블하는 동안 경과된 시간(초, 소수점 1자리까지 반올림)을 60에서 차감하여 점수를 결정한다. 각 반칙마다 5점이 감점된다. 즉, 각 콘을 놓친 경우와 더블 드리블, 양손 드리블 또는 볼을 들고 있는 것과 같은 각 주요 기술적 실수가 반칙에 해당된다. 콘을 놓치면 여러 번 놓쳐도 한 번의 5점

감점을 준다. 반칙의 경우 최대 감점 합계는 40점이다. 두 번의 시도 중 최고 점수가 기록된다.

11.3.4. 무대 구성

11.3.4.1. 테스트를 관리하는 자원봉사자들은 테스트를 수행하는 선수를 방해해서는 안된다.

11.3.4.2. 경기임원인 자원 봉사자 "A"는 이 특정 테스트를 수행하는 그룹을 지시하고 자원 봉사자 "B"가 실제 테스트를 시연한다.

11.3.4.3. 자원 봉사자 "A"는 테스트를 치를 선수에게 핸드볼을 주고 준비가 되었는지 물어본 다음 "레디, 고"라고 말하고, 위반 사항을 파악한 다음 감점된 점수를 득점 기록원/계시원에게 보고한다. 여분의 볼 뒤에 서 있는 자원 봉사자들은 선수들이 아웃오브플레이를 할 때마다 볼을 회수하고 교체한다. 자원 봉사자 "C"는 선수의 점수를 기록하고 시간을 기록한다. 각 자원 봉사자는 테스트를 관리하고 정해진 구역만 관리한다.

11.4. 파워 드로

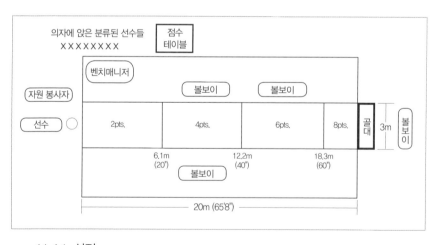

11.4.1. 설정

11.4.1.1. 가죽 핸드볼 3개, 줄자 바닥 테이프, 핸드볼 골대 또는 개조 골대.

11.4.2. 테스트

11.4.2.1. 사용 가능한 코트 길이를 사용하여 3m(9ft, 10 1/8in) 길이의 20m(65ft, 7 3/8in) 통로를 바닥에 표시한다. 20m(65ft, 7 3/8in) 거리에서 선수는 골대에 연속으로 3번 드로한다. 각 드로마다 드로의 거리와 정확도에 따라 점수를 얻는다. 선수는 볼을 던지기 전에 세 걸음을 달릴 수 있다.

11.4.3. 득점

11.4.3.1. 위의 그림에 따라 선수는 통로에 있는 각 드로의 공중 거리에 대한 점수를 받는다. 18.3m 선을 넘어서 통로에 또는 골대에 떨어지는 3개의 볼을 던지며 총 24점 만점이다(드로 3회 x 8점).

11.4.3.2. 선수가 통로 안으로 볼을 던졌지만 볼이 골대 바로 위를 넘어가면 6점을 받는다. (이 선수는 볼이 골대에 들어가지 못했기 때문에 최대 8점을 얻지 못한다.) 통로에 떨어지지 않는 드로는 점수를 받을 수 없다. 던질 때 라인을 밟는 것은 스크래치이며 점수가 주어지지 않는다. 드로 전에 세 걸음 이상을 밟는 것도 스크래치이며 점수가 주어지지 않는다.

11.4.4. 무대 구성

11.4.4.1. 테스트를 관리하는 자원봉사자들은 테스트를 수행하는 선수를 방해해서는 안된다. 경기임원인 자원 봉사자 "A"는 이 특정 테스트를 수행하는 그룹을 지시하고 자원 봉사자 "B"가 실제 테스트를 시연한다. 자원 봉사자 "A"는 테스트를 치를 선수에게 핸드볼을 주고 준비가 되었는지 물어본 다음 "레디, 고"라고 말한다. 자원 봉사자 "C"는 각 시도의 점수를 확인한다.

자원 봉사자 "D"는 선수의 점수를 기록한다. 다른 자원 봉사자들은 통로 밖에 서서 던진 볼을 회수한다. 각 자원 봉사자는 테스트를 관리하고 정해진 구역만 관리한다.

부록

경기 규정에서 사용되는 용어집

- **드로어에서 3m**: 상대 팀은 프리드로나 드로인을 하는 선수에게 3m 이내에 있으면 안 된다.

- **3걸음**: 볼을 들고 있는 선수는 3걸음만 할 수 있으며, 이후 선수는 볼을 드리블하거나 패스해야 한다.

- **7m 라인**: 페널티 드로가 실행될 지점을 표시하는 골로부터 7m 라인

- **7m 슈팅/페널티 드로**: 7m에서 하는 직접 슈팅. 손에 볼을 들고 있는 선수가 명확한 득점 기회에서 파울을 받았을 때 파울에 대한 벌칙의 일종이다.

- **공격**: 다른 사람의 신체에 대한 강력하고 고의적인 공격이다.

- **교체용 벤치**: 교체 선수가 자리에 앉아 있어야 하는 교체 구역의 벤치.

- **센터라인**: 드로오프 지점을 표시하기 위해 코트를 절반으로 나눈 선

- **코트 중앙**: 드로오프를 수행되는 원.

- **골키퍼 변경**: 골키퍼를 교체 골키퍼로 교체하기 위해 코트를 벗어나는 것. 이것은 경기 도중 또는 페널티 전에 수행할 수 있다.

- **진영 변경**: 하프 타임 휴식 후(또는 때때로 동전 던지기 후) 팀은 진영을 바꾼다.

- **진영 선택**: 동전 던지기가 끝난 후, 각 팀은 교체 구역과 골을 어느 쪽에 두고 싶은지 결정할 수 있다.

- **동전 던지기**: 경기 전에 심판은 동전을 던져 경기를 시작할 선수와 종료할 선수를 결정한다.

- **코트 선수**: 골키퍼를 제외한 모든 선수.

- **사이드라인 크로스**: 볼이 측면의 코트로 떨어진 경우.

- **골라인 넘음**: 볼이 골대에 들어간 경우.

- **골 불허**: 심판이 골 이전의 어떤 부정행위로 인해 득점이 유효하지 않다고 결정하는 것

- **실격**: 선수가 규정에 명시된 여러 사례를 수행한 경우 심판이 실격을 선언할 수 있다. 이 경우 심판은 선수에게 레드 카드를 보여주고 선수는 남은 경기 시간 동안 코트로 돌아갈 수 없다.

- **위험에 빠뜨림**: 신체적 접촉으로 상대방에게 부상을 입힐 위험을 야기하는 것.

- **장비**: 선수들의 유니폼과 운동화.

- **최종 신호**: 경기 시간은 점수판이나 시간 기록원의 자동 최종 신호로 종료된다. 그러한 신호가 나오지 않으면 심판은 경기 시간이 끝났음을 알리기 위해 휘슬을 분다.

- **발**: 선수가 발이나 정강이로 볼을 건드리면 파울로 상대팀에게 볼이 주어진다.

- **사전 경고 신호**: 타임아웃이 10초 이내에 종료될 것임을 팀에 경고하는 신호이다.

- **파울**: 부정한 행동은 보통 프리드로 벌칙을 받는다.

- **프리드로**: 심판은 파울이나 반칙이 발생한 정확한 지점에서 파울이나 반칙에 대한 프리드로를 부여한다.

- **프리드로 라인**: 9m 라인 내부에서 발생한 파울 이후 선수가 프리드로를 실행하기 전에 떨어져야 하는 9m 라인.

- **골 에어리어**: 골키퍼만 사용하는 골대에서 6m 떨어진 D자형 구역.

- **골 에어리어 라인**: 골 에어리어를 정의하는 선. "6m 라인"이라고도 한다.

- **골키퍼 드로**: 볼이 외부 골라인을 통과하면 골키퍼 드로가 주어진다.

- **골키퍼의 제한선**: 골키퍼가 페널티 드로를 방어하기 위해 전진할 수 있는 한계를 표시하는 골라인에서 4m 떨어진 라인. "4m 라인"이라고도 한다.

- **중간휴식**: 경기 시작 30분 후의 10분 휴식.

- **중단**: 경기 중지.

- **공동 결정**: 심판들은 경기 중에 서로 상의하여 공통된 결정을 내릴 수 있다.

- **아웃오브플레이**: 볼이 아웃오브플레이가 되면 중단 이유에 따라 드로로 경기가 다시 시작된다.

- **아우터 골라인**: 골라인을 제외하고 코트의 끝을 표시하는 라인. "백 라인"이라고도 한다.

- **연장전**: 경기 규정에 따라 경기가 무승부로 종료되면 연장전이 이어질 수 있다. 전후반 각 5분으로 경기를 하며 사이에 1분의 휴식 시간이 있다.

- **개인 벌칙**: 규정을 위반하면 심판이 개인 벌칙을 부여할 수 있다. 이것은 경고로 시작하여 실격 등과 같은 더 심한 벌칙이 뒤따를 수 있다.

- **패시브 플레이**: 공격과 득점을 시도하지 않고 팀 소유의 볼을 보유하는 것.

- **경기 시간**: 두 번의 30분 하프타임.

- **공개 점수판 시계**: 관중이 경기 결과와 경기 시간을 볼 수 있도록 경기장 벽에 고정된 시계.

- **재입장**: 2분 퇴장 벌칙을 받은 선수는 경기 코트에 다시 입장할 수 있다.

- **제재**: 심판에 의한 모든 형태의 벌칙.

- **세이브**: 골키퍼가 손, 다리 또는 기타 신체 부위로 슈팅을 멈춘다.

- **자동 신호가 있는 점수판 시계**: 30분과 60분 종료 시점에 점수와 신호를 보여주는 벽에 고정된 보드.

- **2분 퇴장 받기**: 선수는 퇴장을 받은 후 2분 동안 교체용 벤치에 머물러 있는다.

- **사이드라인**: 코트의 측면을 표시하는 라인

- **교체**: 팀원을 대체하기 위해 코트에 들어가는 선수. 다른 선수가 코트를 떠날 때까지 교체할 수 없다. 선수는 자신의 코트 절반과 교체 구역 내에서 코트에 들어가고 나가야 한다.

- **교체 라인**: 교체가 허용되는 구역을 표시하는 라인.

- **퇴장**: 개인 벌칙의 형태. 2분 퇴장.

- **팀 경기임원**: 경기 보고서에 등록된 팀을 대표하는 사람.

- **드로인**: 볼이 측면의 코트를 벗어나면 사이드라인에서 드로인을 한다.

- **드로오프**: 경기를 시작하거나 골 이후 다시 시작하기 위해 센터라인에서 드로하
  는 것.

- **팀 타임아웃**: 각 팀은 경기의 두 하프타임에 1분 타임아웃을 요청할 수 있다. 이
  것은 팀이 볼을 소유하고 있을 때 팀 관계자가 배심원 테이블에 그린 카드를 놓
  는 것으로 신청할 수 있다.

- **스포츠맨답지 않은 행위**: 훌륭한 스포츠맨십 정신과 양립할 수 없는 신체적, 언
  어적 표현은 스포츠맨답지 않은 행위를 구성하는 것으로 간주된다.

- **경고**: 점진적 벌칙의 첫 번째 척도로 심판이 주는 옐로우 카드 벌칙.

- **드로오프를 위한 휘슬**: 심판이 경기를 시작하라는 신호를 보낸다.

- **휘슬 신호**: 심판의 신호.

발달장애인 스포츠의 발전과 함께
더 많은 이들의 관심과 참여를 소망합니다!

권선복(도서출판 행복에너지 대표이사)

"건강한 신체에 건강한 정신이 깃든다"

오래된 금언이 이야기하는 것처럼 스포츠 활동은 신체적 활동과 정신적 활동이 어우러져 일어나는 종합적 활동으로서 긍정적인 영향이 큽니다. 그렇기 때문에 교육적인 목적의 스포츠 활동은 교육 전문가들에 의해 꾸준히 권장되고 있으며, 이는 대다수의 사람들뿐만 아니라 발달장애인들에게도 동일하게 적용되는 부분입니다. 하지만 발달장애인들은 다수의 사람들과는 다른 신체적, 정신적 특징이 두드러지기에 이들을 위한 전문적인 스포츠 활동 지도 매뉴얼은 발달장애인의 스포츠 활동을 지도하는데에 필수적이라고 할 수 있습니다.

이 책 『발달장애인 핸드볼 매뉴얼』은 발달장애인의 체육·스포츠 활동에 대한 기본적인 이해를 시작으로 하여 다양한 발달장애인의 특성을 이해하고 거기에 맞추어 안전하면서도 효과적으로 발달장애인에 대한 핸드볼 스포츠 지도를 할 수 있도록 꼼꼼히 기술된 실전 매뉴얼입니다.

발달장애인의 다양한 특성과 함께 발달장애인을 대상으로 하는 핸드볼 교육의 효과성에 대한 이해를 기반으로 그들의 특성에 맞는 지도전략을 말하는 1장에서부터 발달장애인 핸드볼에 필요한 기초운동, 실제 핸드볼 활동에 필요한 기본 모델, 발달장애인들의 핸드볼 스포츠인 '스페셜 올림픽'의 진행 룰에 이르기까지 실제 현장에서 핸드볼 활동을 지도하는 사람이 숙지해야 할 것들이 이 책 한 권에 담겨 있습니다.

또한 본격적인 내용에 들어가기에 앞서, 이 매뉴얼의 전체적 구성과 지향하는 모델을 한눈에 들어오도록 깔끔하게 기술하고, 개개인의 특성에 맞춘 발달장애인 핸드볼 지도에 도움이 되는 진단 기준과 평가체계를 확립하여 설명한 후 본격적인 매뉴얼을 전개하는 책 구성은 현장에서 발달장애인 핸드볼 교육 지도를 맡고 계신 분들에게 큰 도움이 되어 줄 것입니다.

발달장애인의 체육활동과 스포츠는 우리 사회가 '조금 다른 사람들'의 존재를 인정하고 함께하는 사회를 만드는 차원에서 매우 중요한 분야입니다. 이 책 『발달장애인 핸드볼 매뉴얼』을 통해 발달장애인을 대상으로 하는 스포츠 활동이 더 많은 사람들과 함께 발전해 나가며 우리 사회에 행복에너지를 가져다 주기를 희망합니다.

'행복에너지'의 해피 대한민국 프로젝트!
〈모교 책 보내기 운동〉

대한민국의 뿌리, 대한민국의 미래 **청소년·청년**들에게 **책**을 보내주세요.

    많은 학교의 도서관이 가난해지고 있습니다. 그만큼 많은 학생들의 마음 또한 가난해지고 있습니다. 학교 도서관에는 색이 바래고 찢어진 책들이 나뒹굽니다. 더럽고 먼지만 앉은 책을 과연 누가 읽고 싶어 할까요?
    게임과 스마트폰에 중독된 초·중고생들. 입시의 문턱 앞에서 문제집에만 매달리는 고등학생들. 험난한 취업 준비에 책 읽을 시간조차 없는 대학생들. 아무런 꿈도 없이 정해진 길을 따라서만 가는 젊은이들이 과연 대한민국을 이끌 수 있을까요?

    한 권의 책은 한 사람의 인생을 바꾸는 힘을 가지고 있습니다. 한 사람의 인생이 바뀌면 한 나라의 국운이 바뀝니다. **저희 행복에너지에서는 베스트셀러와 각종 기관에서 우수도서로 선정된 도서를 중심으로 〈모교 책 보내기 운동〉을 펼치고 있습니다.** 대한민국의 미래, 젊은이들에게 좋은 책을 보내주십시오. 독자 여러분의 자랑스러운 모교에 보내진 한 권의 책은 더 크게 성장할 대한민국의 발판이 될 것입니다.

    도서출판 행복에너지를 성원해주시는 독자 여러분의 많은 관심과 참여 부탁드리겠습니다.

도서출판 **행복에너지** 임직원 일동
문의전화   0505-613-6133